U0650683

思维迭代的
26个卓越方法

韩 晓/编著

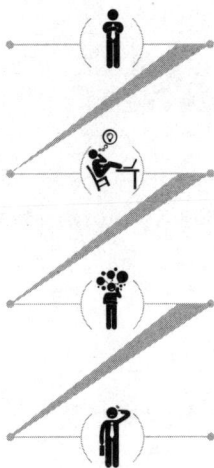

中国铁道出版社有限公司
CHINA RAILWAY PUBLISHING HOUSE CO., LTD.

图书在版编目（CIP）数据

思维迭代的 26 个卓越方法/韩晓编著.—北京:中国
铁道出版社有限公司,2023.6
ISBN 978-7-113-30024-1

Ⅰ.①思⋯ Ⅱ.①韩⋯ Ⅲ.①思维方法 Ⅳ.①B80

中国国家版本馆 CIP 数据核字(2023)第 042530 号

书　　名:思维迭代的 26 个卓越方法
SIWEI DIEDAI DE 26 GE ZHUOYUE FANGFA

作　　者:韩　晓

责任编辑:巨　凤　　编辑部电话:(010)83545974
封面设计:仙　境
责任校对:刘　畅
责任印制:赵星辰

出版发行:中国铁道出版社有限公司（100054,北京市西城区右安门西街 8 号）
印　　刷:天津嘉恒印务有限公司
版　　次:2023 年 6 月第 1 版　2023 年 6 月第 1 次印刷
开　　本:880 mm×1 230 mm 1/32　印张:6.5　字数:160 千
书　　号:ISBN 978-7-113-30024-1
定　　价:69.00 元

前　言

真正的高手，都用方法论处理工作

我们这代人，赶上了互联网的风起云涌，见证了诸如阿里巴巴、字节跳动、腾讯、美团等互联网公司的崛起。更幸运的是，我们无论是作为一名普通的职员，还是作为管理者，能够有机会参与其中，在公司高速发展的同时成就了我们的职业梦想。

2014年，我28岁，在一个被很多人认为已经老大不小的年纪，我毅然离开山东老家，踏上"北漂"的征程。初到北京，入职互联网公司后倍感不适，我发现被自己一直奉为真理的"勤奋、努力、吃苦"在这里不再那么好用，加班换来的不一定是成绩，熬夜换来的只有自己疲惫的身躯；而我身边的好多同事，看着他们很轻松地就处理好了复杂的工作，更是赢得了领导的认可。一开始我很烦躁，感觉上天不公平，但后来我沉下心来，慢慢进入这些"高手"的朋友圈，向他们请教、学习，我发现：职场中人与人之间的根本差距就是有没有工作方法论。有工作方法论，就好比打开了"思维的天窗"，可以从更高的视角、更全的维度解决问题，从而取得更好的工作成绩。

从迷茫到清晰，我慢慢解开了职场秘籍，知道了如何运用工作方法论来处理工作，赢得自己的职场优势。当我把这些自己总结的工作实战方法论分享到网上后,引起了众多读者朋友的共鸣,他们惊叹于我的变化,更惊叹于这些方法论的实战价值。

基于以上背景,我决定写这本关于运用卓越工作方法来实现思维迭代的书,以帮助像你我这样的职场人提升思考力,重塑工作方法,取得更好的工作成绩。这些工作方法的重塑将会极大地促进你的成长,甚至是指数级的提升。

这本书分为五大章,分别从自我认知、有效表达、向上管理、卓越执行、高效学习五个方面为大家呈现 26 个实战工作方法。这 26 个方法将有效拓展你思考的深度、广度和高度,夯实你的职场基本功。

在第一章,为大家提供了五种升维思考的方法,分别是秒换超级大脑、打造幸福人格、巧用 20% 的知识解决 80% 的问题、学会"改变"、有效治愈精神内耗。之所以将自我认知放在第一章,是希望帮助大家打开格局和视野,高屋建瓴地看待自己的人生和职业,通过学会改变、重塑人格、治愈精神内耗,更新自己的世界观和人生观,让我们的人生更加富有生命力。

在第二章,为大家系统地讲解有效表达,克服"会做不会说"的顽疾。择取职场中最常见的面试、工作汇报、演讲、提问等场景,结合我自己的亲身体验和经验总结,运用理论模型与真实案例相结合的方式帮大家真正解决问题,切实提高这些方面的实操能力。

在第三章,为大家讲到"如何赢得领导信任"这个重要的话题。身边很多职场朋友,一直在寻求赢得信任的方法而久久未果,也有人为此走上了错误之路。这一章,我将回归工作本质,运用成本公式帮大家解构靠谱的底层逻辑,同时教大家抓住工作汇报的契机展示自己的工作深度和系统思考。

在第四章,从职场人的基本功切入,精心准备了五个可以拿来就用的高效提升执行力的方法,比如如何告别"伪勤奋"、如何做到知行合一的自省、如何做正确的事、如何提升创新性思维、如何抓住工作核心。这些非常好用的思考模型和工作方法将帮大家不断提升思维认知,打造卓越执行力,进而取得更优异的工作成绩。

在第五章,为大家介绍高效学习。人人都知道学习的重要性,但并非人人都能掌握高效学习的方法。即使你知道了高效学习的方法,但实际上只有少数人在真正使用这些方法来改变自己。我将结合自己的实际案例,为大家讲解精力管理、"上帝视角法"、费曼学习法、有效读书法以及让犯错犯得更有价值的方法。读完这一章节,也真切希望大家能将方法运用到实际的工作中,通过学习改变人生。

以上就是这本书的内容框架。希望这本旨在解决不同职场实际场景问题的书,能极大地优化大家的工作方法,提升思维认知,以更自信的状态取得更好的工作成绩。

另外,我还想说说这本书的写作原则。当敲下第一个字的时候,我就给自己定了一个写作原则,那就是只写对大家有帮助的书,一本能够作为职场工作方法指南的书。为了写好这本有价值的书,我给自己定了三个目标,也是这本书三个最大的价值点:

第一,思考方法有模型依据。书中会涉及很多思考方法,这些思考方法或是职场中已经有通识的模型,或是结合我自己的职场经验总结的模型,都会给大家呈现底层的模型依据,帮助大家从根本上理解这些思考方法。

第二,工作方法有案例支撑。如果只有模型或者理论而没有真实有效的案例作为支撑,大家就无法真切地感知这些工作方法的有效性,这本书也就失去了价值。

第三,简单易学,拿来就用。我认为,这是这本书最大的价值点。在写作的过程中,对于每一个工作方法论,除了提供真实的案例作为参考之外,我会力求从 why(为什么)、what(是什么)以及 how(怎么做)三个方面来解构,同时在 how 部分为大家详细讲解实践步骤和方法,让大家读完书就可以实践,实打实取得效果。

当你看到这本书的时候,很开心我们是同道中人,都是不甘于现状、努力谋求更好发展的人。同时,你会发现实践才是这本书的核心。所以,你可以把这本书当作自己的职场工具书,遇到面试、晋升、汇报、高效学习、向上管理、自我改变、即兴演讲等难题的时候,不妨把这本书拿出来温习一下,里面的实战方法论以及如何实践的步骤很快就能解决你的问题。

我相信这本书适合所有希望改变、希望成长、希望获得更大成就的人,无论你从事什么职业、处于什么年龄,它都能对你有所启发。

谢谢你的信任,希望这本书能切实给你带去改变,让你的思维因此迭代。

韩 晓

2023 年 1 月

目　录

第 1 章
自我认知方法论

1.1 秒换超级大脑，实现职场飞跃

"要是我有个爱因斯坦的超级大脑就好了！工作再也不用发愁了。"40多岁的同事老赵觉得自己"干起工作来，总觉得提不起精神"，还总结自己不得劲儿的原因是"人老了，精力不够用了"。老赵希望自己能够换个脑子，像计算机一样，能快速解决工作中的各种"疑难杂症"。

老赵的话引起了部门同事的热议，大家在公司做了个小调查，结果80%参与调查的同事都对此有同感。

小调查的内容有以下4项，看看你是否也被说中？

(1)记忆力差：经常忘记重要事项，话到嘴边想不起来；

(2)注意力涣散：无法专注于手头的事情，总是东想西想；

(3)灵感枯竭：大脑不活跃，绞尽脑汁也想不出好点子；

(4)智商"余额不足"：总感觉自己不聪明，头脑不灵光。

最后，老同事们根据调查结果得出的结论是"年轻真好，还是比不得你们年轻人啊！"这个结论让我这个年轻人哭笑不得，这和我年

轻有啥关系呢？要知道爱因斯坦的天才智慧与脑物质有关，而与人的年龄大小无关。

1999 年，加拿大女科学家维特森在《柳叶刀》杂志上发表论文称，通过对爱因斯坦大脑定标照片的研究，发现其双侧顶叶比普通人宽 15%，而且沟回更加复杂。通俗地说，就是爱因斯坦拥有更多关键类型的脑物质。也就是说，如果我们想要一个超级大脑，一个在工作中能帮助我们精力旺盛、干劲十足的大脑，需要更多关键类型的脑物质，多巴胺就是其中之一。

另外，有着长达 20 年诊疗经验的神经外科医生菅原道仁在其著作《超级大脑的七个习惯》中，认为人类的大脑其实很"懒惰"。可以毫不夸张地说，大脑天生懒惰，喜欢随大流，且禁不住诱惑。

结合以上两种观点来看，同事老赵如果想要一个超级大脑的话，需要有和爱因斯坦一样多的脑物质，并且要让"懒惰的大脑"转变成"主动行动的大脑"才行。

爱因斯坦比普通人多的脑物质从何而来，我们不得而知，也无迹可寻。但是我们知道如何增加多巴胺，并且"懒惰的大脑"转变成"主动行动的大脑"是有迹可循的。更令人惊喜的是，这种转变也与多巴胺有关。

菅原道仁在《超级大脑的七个习惯》中提出了一个打造超级大脑的核心改变策略，如果我们尝试按照其策略行事，说不定能让觉得工作不得劲儿的老赵、你、我等职场人，在工作、生活中拥有超级大脑。

打造超级大脑的核心改变策略，就是使用多巴胺控制法。

多巴胺可以让人记住达成目标后的成就感与充实感，因此也被称为快乐物质。有科学研究表明：当人类完成某项工作或者克服困难时，换句话说就是人在体验到成功时，大脑都会分泌出多巴胺。大脑分泌大量的多巴胺，可使人产生愉悦感。为了再次感受这种愉悦感，大脑会增强对该行为的学习兴趣，提高相关部位的活跃度，这种倾向被称为"强化学习"。

大脑之所以希望多次分泌多巴胺，是因为存在多巴胺依赖性。由于大脑感受到了强烈的愉悦感，所以迷上了分泌多巴胺的行为。

当然，我们在追求成功的过程中，困难与艰辛也常常伴随我们左右。然而当我们一旦成功克服这些困难时，多巴胺又将给予我们无限的愉悦感。反过来说，一旦享受过成功的喜悦，大脑就会牢记这种愉悦感，并独自进行强化学习。

简而言之，多巴胺控制法就是指我们从现在开始学习、活用成功者幼年时期无意中掌握的大脑控制法。

那么具体我们应该怎么做呢？

1. 积极自我暗示

自我暗示对于实现多巴胺循环至关重要！据说，世界上首次将"自我暗示法用于疾病治疗"的是一个叫埃米尔·库埃的法国人。他以一个顾客买过期药却治好了病为契机，发现了心理暗示的力量，也被后人称为"库埃疗法"。

"库埃疗法"简单来说就是：每一天，我的各方面都在不断变好。其精髓在于不断重复这句话，尤其是在起床后、睡觉前等放松的状态，大声念出这句"魔性般"的话语，重复约 20 次。

从脑科学的角度来说，越是放松的状态，大脑越容易渗透语言的真谛。事实上，库埃也提醒了职场人，在不想工作的时候告诉自己："当你采取行动时，请告诉自己这很简单。如此一来，事情就真的变简单了。"

在实际运用多巴胺控制法时，需要先确定小目标，然后大声念出该目标。比如同事老赵在工作不得劲儿时，就可以跟自己说"在多少时间内完成工作"或者"今天之内必须完成"等类似的话语。

由于大脑天生懒惰，所以我们必须重复念多次，在心里暗示自己要工作积极主动，次数越多效果越明显，也就杜绝了大脑懒惰情形的发生。

2. 将大目标分解成小目标

曾经在网上看到这样一段话："2019 年，我的目标是完成 2018 年那些本该在 2017 年完成的我在 2016 年就信誓旦旦要完成的 2015 年制定的目标！"

虽然看完后觉得好笑，可事实上，我们很多职场人年初设定的目标往往在年尾时却失败了，而且往往是每年的年初定目标，还年年都失败。为什么？因为目标越大，达成目标所花费的时间越多，一旦过了"望眼欲穿"的心理阶段，就会转变为一种"无所谓的心态"——已经来不及了，就随他去吧！所以，神经心理学家朱迪·威利斯女士建议大家设定小目标，也就是所谓的"阶段性小目标法"，而非直接挑战大目标。

将大目标细分为阶段性小目标，这样不仅可以在每次达成小目标时享受成功的喜悦，还可以达到自由控制多巴胺分泌的目的。而且作为职场人，如果将工作大目标细分为"以年为单位""以月为单位""以日为单位"的阶段性小目标，实现大目标的可能性就会大幅提高。即我们能踏踏实实地积累小小的成功体验，让工作变得越发有干劲儿!

3. 促进多巴胺分泌

多巴胺是大脑的"奖赏中心",可影响一个人的情绪,又被称为多巴胺系统。所以一提起多巴胺,大家只会联想到上文所说的快乐物质。但事实上,"给予愉悦感"不过是多巴胺众多功能中的一个,记忆力、注意力、情绪、睡眠、学习等也与其息息相关,而"干劲儿"与多巴胺最为紧密相关!

科学研究证明,人在感受到巨大压力时也会刺激多巴胺大量分泌。有数据证明:患有 PTSD(创伤后应激障碍)的士兵听到枪声后,其体内的多巴胺水平会急剧上升。这就意味着,此时多巴胺的作用与获得"愉悦感"毫不相干。根据这个研究结果,许多专家认为,多巴胺的作用不仅仅是给予"愉悦感",也与"干劲儿"密切相关。也就是说,听到枪声的士兵"为了避免自己受到伤害,分泌大量多巴胺以激发干劲儿"。

由此可以说明,如果我们在开始"本职工作"前,采取其他手段向大脑传递"可能发生大事件"的信号,大脑也会立刻分泌多巴胺以激发干劲儿。

一般来说,提高多巴胺水平有以下 5 种科学健康的手段:

(1)享受运动(散步、瑜伽等,轻度运动即可);

(2)冥想;

(3)专注兴趣(阅读、摄影、做手工等);

(4)寻找新乐趣;

(5)挑战新鲜事物。

需要特别提醒的是,不要借助如咖啡因、酒精等易成瘾的不良手段来提高多巴胺水平。

在我们明白多巴胺控制的三个方式之后,我们还需要合理、有效地利用这三个方式:以三个步骤为一个周期,通过反复 PDCA 循环这个周期,就能将主动、高效变成大脑习惯。所谓 PDCA 循环,指以 Plan(计划)、Do(执行)、Check(评价)和 Act(改善)四个部分为一个周期,周而复始地运转,持续不断地改善事物。

对于习惯的养成,或许大家对两个数字比较熟悉,即"21 天法则"与"66 天法则",比如"21 天训练营"这样的课程。这里需要注意的是,"间断 1 天"并没有太大影响,但如果"连续间断 2 天以上"或"频繁间断",就会增加习惯养成所需的时间。所以想要一个超级大脑,让"懒惰的大脑"秒变"主动行动的大脑",需要好好搭配习惯养成法则,毕竟"最短的捷径就是绕远路"。

1.2 塑造幸福人格,摆脱职场焦虑

人的天性都希望自己得到别人更多的关注和赞美。比如你在外旅游,发完朋友圈后会频频关注有多少人点赞和评论;你今天涂了新色号的口红,把自己打扮得美美的,到了办公室就特别期待同事关注的眼光。这种适度的渴望被认可的想法是正常的,但如果过于在意别人的看法,就会活得很累。

我的一个同事小彰就是一个活在别人目光中的例子。每次和大领导一起开会,他都会特别紧张,生怕自己在会议上的发言给领导留下不好的印象;每次部门聚餐,他都会"察言观色",如果领导没有和他碰杯,他就会郁闷一整个晚上;每次看到团队其他同事聚

在一起聊天,他都会私下打听大家有没有对他做什么评价。他就是太在意别人的看法,完全是在活给别人看,稍微有一些关于自己的负面评价,就会消极、郁闷。

其实,小彰代表了一些人,这些人就是在过着"活给别人看"的生活,每天都在"演戏"。

一直活在别人的目光里,是最失败的人生。大家都明白这个浅显的道理,也想找回轻松的自我,但为什么还是掉进了这个"陷阱"呢?

1.2.1 人生中有一个陷阱,叫作"缺乏式动机"

我们先做一个测验,如果有以下两份工作,你会选择哪一个?

工作一:一份自己讨厌,但受到别人赞扬的工作;

工作二:一份自己喜欢,但没有人称赞的工作。

在落笔之前,我随机找了五位同事进行选择,其中有三人选择了工作一,两人选择了工作二。

尽管样本量不够大,但还是能说明一些问题,人们总是倾向于选择容易得到别人认可、获得别人赞扬的事情,也就是"在意别人的看法"。就好比你本来不喜欢吃日料,但为了满足于听到别人说"吃日料的人都很有品位,生活有档次"的优越感,于是你还是会尝试去吃日料。

选择工作一的同事,就是被"缺乏式动机"支配的人。

著名畅销书作家加藤谛三在《与内心的冲突和解》一书中讲道:"马斯洛认为,动机可分为缺乏式动机和成长式动机。"当欲望、愿望、憧憬等梦寐以求的东西不足时,人就会产生动机,这种动机就是缺乏式动机。

受"缺乏式动机"影响的人，会通过迎合他人的喜好、风格、判断来做事，以求满足自己本身缺乏的欲望、愿景和憧憬。

比如上文中的同事小彰，在他每次汇报的时候，并不会按照汇报的逻辑、自己汇报的风格去演讲，而是更多地根据会场上最高级领导对他的看法去做改变。在汇报的过程中，领导对他投来赞扬、认可的目光，他就会无比兴奋；一旦领导的提问带有对他的质疑或者否定，他就像被霜打了的茄子，一蹶不振。

小彰的这种行为就是被"缺乏式动机"所左右，因为他感觉自己被别人认可的基本需求得不到满足时，内心就屈服于"缺乏式动机"。在这种动机下，为了维持虚伪的面子，不惜放弃自己良好的思维方式。在这种过于在意别人看法的心态之下，越来越不明白自己是什么样的人，逐渐迷失了自我。

不知道自己真正想要什么，不知道自己是谁，只考虑如何吸引别人的关注，只活在别人的目光中，就会陷入无法自拔的恶性循环中。

明白了"缺乏式动机"的基本概念，也了解了活在别人目光之下的危害，那么我们该如何走出这个旋涡呢？

1.2.2　不想"活给别人看"，做回轻松的自己，该怎么做

1. 勇敢接受不完美的自己

"金无足赤，人无完人。"人最痛苦的就是不能接受自己的不完美。

张德芬老师也曾提过一个类似的观点："负面情绪和苦难是一个伪装的礼物，一旦你接受它、解开它，你就会得到惊喜，成为更好的自己。"

接受自己的不完美，是活得轻松坦然的第一步。

人为什么每天都会有烦恼？这是因为老是拿自己的不完美和别人眼中的完美进行比较。

下面举两个与我有关的例子来加以说明。

例一：前段时间，我一度非常烦恼，因为我不善于做数据分析和用 Excel 处理各种数据。由于领导一直都非常认可我，于是我就担心在他看到我不会做这样的工作后会影响对我的认可度。领导也看到了我的烦恼，于是主动和我沟通。他让我不要以他的眼光来审视自己，不擅长就是不擅长，坦然面对，如果能克服更好，克服不了，就努力发挥自己的长处。

例二：我刚入职场的时候，赶上公司初创期，升职加薪顺风顺水，便认为自己无所不能。后来我到北京发展，对于领导安排的工作总想做到完美，所以推进得很慢。于是，我主动找领导沟通，领导当时说的话我至今记忆犹新。领导说："你不要太在意我对你的看法，要想着如何把事情做好。如果你太在意我对你的看法，反倒会让你束手束脚，工作状态也会很差。接受目前自己的不足，放手去干，结果自然不会差。"

我们应该从别人的看法和目光中抽身出来，更加关注事情本身的价值和个人成长，勇敢地接受自己的不完美。在这种不完美中，找到自己努力的起点和方向，然后奋起直追。

2. 拒绝把别人对我们的评价当成"自己的性格"

加藤谛三在他的作品中曾介绍了这样一个简单的例子：

"读者来信咨询，说：'我对对方来说一无是处，所以很害怕对方的失望。'

这样的人,其实是因为对自己失望,才'害怕对方的失望'。"

在职场中,如果你还活在别人的评价之下,我建议你采取如下三个行动来修正自己的认知。

(1)明白"评价≠贴标签"。

很多时候,我们都混淆了评价和贴标签的关系。

评价,是外在给予我们行为的评定的价值。

贴标签,是在评价中添加主观色彩,以偏概全。

切勿将评价直接转换成标签,比如领导说我务实、稳重,不善于交际。那我的标签就是这些吗?其实领导的更深一层意思是,我的交际能力在需要的情况下可以达到领导的预期。

(2)洞察自己的行为。

如果你发现自己被贴上标签后,就要分析是哪些行为导致的,从长远看这些行为对自己未来的发展是否有好处,是否需要克服。

比如你发现有人给你贴上了"没有情商"的标签,通过分析,你发现是因为在一次会议上你当众指责对方部门的员工工作不负责任。尽管你是出于对工作的尽职尽责,但这种行为在对方看来就是"没有情商"。所以,发现这个问题后,应积极寻找解决方案,努力学习说话的艺术,这样会让双方都感觉比较舒服一些。

(3)明确自己的性格。

你控制不了别人给你贴标签,但可以通过洞察自己的行为来明确自己的性格。可能出于片面评价,别人给你贴上了"冷淡"的标签,但其实不是这样的,遇到自己感兴趣的事和人,你也会表现得非常热情。如果你的性格是偏理性的,那么,理性的性格可以让你把事物分析得更加透彻,在工作中更具有优势。

3. 保持真我,塑造"幸福人格"

(1)摆脱"一定要得到他人的认可"的焦虑。

为什么人们会偏执于"一定要得到他人的认可"? 可能是因为我们害怕失去一个工作机会、害怕得不到升职加薪、害怕失去领导的认可等,从而导致自己的职业生涯步履维艰。

焦虑的人对过程焦虑,对结果同样焦虑,可能唯有最后成功的结果才会缓解他们的焦虑。但即使成功了,他们的焦虑依然不会完全得到缓解,因为他们还会担心下一次的结果。

若想摆脱这种焦虑,我们就要从"一定要得到他人的认可"转变为"得到自己的认可"。通过这种认知的转变,你会发现自己"意外地"放松下来了。

(2)考虑一下自己内心的感受。

比如你担心上司在季度末扣发绩效,于是每个周末都会减少陪孩子的时间,而去公司赶项目。每次加班赶项目,你都非常煎熬、非常不开心,因为周末想陪孩子。这时,你就需要考虑一下自己的感受了。如果你一直感觉活得很累、不开心,说明你目前的状态和你的感受背道而驰。

(3)关注事情的价值本身。

让自己感到开心和幸福,更多的是要关注事情的价值本身,而非别人片面的看法。

比如我曾经的一位领导的行事风格我就非常认可:他一直坚持做正确的事,即恪守规则,有时会让其他人很不舒服。有一次,一个同事申请报销一笔差旅费,审批到我的领导这里后,他敏锐地发现报销额度有一些问题,便果断驳回了。

可能别人会觉得这是不近人情,不懂"办公室文化",但领导更在意事情本身的价值,而非别人的看法。

无论你多么在意别人的评价,都要明白"人生这条路,终归是你一个人走完"。每天活在别人的眼光里,好的时候你阳光灿烂,不好的时候你阴雨连绵,何苦呢?

正因如此,我们要敢于直面这疲惫的生活,勇敢接受不完美的自己,走出别人的目光,赢得自己的人生。

1.3 巧用 20% 的知识,解决 80% 的问题

互联网时代的不确定性,让每一个职场人都有一定的危机感。因为不努力,自己就会被其他人超越,被这个时代摒弃。

大多数人都是普通人,但相信更多的人都不甘于普通,都想站在职场的巅峰,成为一个有价值的人。所以,我们都选择更加努力,通过更多的方式和渠道去获取知识。

于是我们会去听书,进行碎片化学习,或者报各种培训课、买来一堆书,因为这些东西可以让我们有安全感,成为我们未来成功的垫脚石。但问题是,这些真的有用吗?

我有一个朋友,曾经不止一次地跟我炫耀:他是很多读书会的 VIP 会员,购买了很多学习 App 里的课程,各类专业书籍应有尽有。

有一次,他向我炫耀他的"学习成果":6 个月听了 50 本书!

我就问他:"这 50 本书,你记得几本书的名字呢?"

他支支吾吾,说只隐约记得其中的一两本。

我又问他:"通过听这些书,你的能力得到了怎样的提升? 解决了什么问题? 工资有没有涨? 职位有没有升?"

他说:"这些好像都没有。"

我说:"那你报班、买书、听课的价值是什么?"

他一时语塞,不知道该如何回答。

其实我朋友的故事并不是个例,我有时候也会像他一样,感觉把书买回来了,放在书架上,就已经比别人快一步了,其实这是自己在骗自己,只有真正将书中知识掌握于心才是真正为自己充电。

1.3.1 两个认知偏差,正在侵蚀你的优秀

我们在学习职场高手的思维方式时,可以深入剖析一下是什么导致我们在努力学习后却没有一个好的结果。

偏差一:知识多多益善。

人类的本性,对于好的东西总是希望多多益善,知识也在其中。比如今天看到某人在演讲中表现出了卓越的演讲能力,就想着抓紧买书、报班来提升自己的演讲力和沟通力;比如看到身边的同事在项目管理过程中游刃有余,立马就想着抓紧去学习新知识,来弥补自己在项目管理能力上的短板;听到领导在会议上讲到波特五力模型、凡勃伦效应、六项思维帽等各种厉害的方法,就想着自己也要去学习;或者在一些购书网站上刚看到一些专业类书籍打折优惠,就感觉自己在这方面也需要提升,于是又买了一堆书。

以上种种都是我们对"知识多多益善"的片面理解。在这种片面认知的旋涡里,我们的精力无法得到聚焦,知识无法体系化,最终让自己不懈的努力变为毫无价值的付出。

偏差二：学习知识＝能力提升。

无论是买书还是报班，很多人都认为学习了知识，就等于提升了能力。这是一个非常大的认知偏差。

成甲老师在一次演讲中讲道："学习知识不是我们的目的，我们的终极目的是要把事情做好。一个人的价值以及他的核心竞争力，体现在他能不能把事情做好，知识是我们的中介、我们的工具、我们的素材。"

学习知识，只是我们将书面的知识通过学习的渠道融入自己的大脑当中；而能力提升，是要以具体解决问题来体现，也就是常讲的知行合一。知，就是已经掌握了知识；行，就是通过具体的行为拿到解决问题的结果。学习了知识，但最终能力是否得到提升，要看我们是否把问题给解决了。

在弄明白了两大认知偏差后，我们来看看怎么才能将知识学习聚焦到问题解决上来。但是，知识有那么多，我们的精力和时间又跟不上，该如何去做呢？

1.3.2　20%的知识解决 80%的问题，简单三招轻松掌握

1. 问题解耦，让问题"降维"

国际著名咨询公司麦肯锡对每一名咨询顾问都有一个非常严格的要求，就是对问题的深入分析是一切商业咨询和行动的前提。

问题本身是一个比较复杂的综合体，有时候我们笼统地去看一个问题总感觉无从下手。这个时候我们就需要问题解耦，让问题"降维"。

解耦,就是将本来密切联系在一起的若干元素进行分离。当我们对一个综合的问题无从下手时,将这个问题解耦为若干个我们熟悉的元素,那么解决起来就会轻车熟路,这就是问题"降维"。其中的过程我们可以采用奥卡姆剃刀法则来实现。该法则是14世纪著名逻辑学家奥卡姆提出的一个逻辑观点。其内容是:"切勿浪费较多资源去做用较少的东西同样可以做好的事情。"简单来讲,就是将一切事物简单化。

(1)辨别问题的本质。

找出当下所遇到的问题,并分析这些问题,以明确我们要达到怎样的目标。

比如我们接手了一个项目,那我们就要明确这个项目的最终目标是什么。是要在有限的时间内快速完成?还是要达到相关人员的高满意度?或者是要降低成本?因为最终的目标会影响到我们在解决问题的过程中,对每一个元素的关注程度和实施力度。

(2)元素拆分,将问题的每个元素独立开来。

比如我们接了一个关于绩效管理的项目,经过我们的拆分,发现这个项目包括对现有问题的梳理、对绩效管理痛点的汇总、对领导目标的把握、对未来绩效指向性的管控。以上这些就是该项目的元素,获取这些项目的元素之后,我们就可以逐一击破。

2. 知识迁移,释放知识的"跨界能量"

古典老师曾经说过:"能把自己其他领域的技能迁移到新领域,持续叠加形成优势,才是很多厉害的人做到世界第一的秘密。"

纷繁复杂的互联网时代,各种新知识纷至沓来,有时候会让我们应接不暇,乱了阵脚。其实对知识的迁移能力,将会成为职场人的核心竞争力。

2016 年共享单车风起云涌，各家企业争相角逐。你会发现市面上很多共享单车的设计都大同小异，和以往的自行车没有太大区别。但有一家叫摩拜的公司另辟蹊径，因为他们发现自行车最大的薄弱点就在于链条，一旦链条断裂，整辆自行车就相当于报废了。于是，他们把汽车惯用的轴承传动应用于自行车的设计。这种设计方式的转换，其实就是知识迁移。

（1）掌握自己领域的核心方法论。

职场当中的方法论其实并不多，比如"PDCA"、"5W2H"、波特五力模型、商业画布等。之所以称之为核心方法论，就是因为这些知识在多个领域都可以被迁移使用，释放跨界能量。

（2）建立方法论与工作内容之间的连接。

找到自己领域的核心方法论之后，就要尝试与自己的工作内容建立连接，将这些方法论进行内化和展示。比如"5W2H"，可以应用于多种场景。

场景一：提问。

如果在会议上需要你进行提问，没有方向感的时候就可以用这个方法。

What——问：做了什么？有什么结果？过程是怎么样的？

When——问：什么时间做的？为什么选择这个时间？

Why——问：为什么做？项目的背景是什么？你是怎么思考的？

场景二：写方案。

在写方案没有思路的时候，也可以运用这个方法。

What——该方案的目标是什么？我们要做什么？

When——该方案的主要时间节点是哪些？

Who——该方案的主要关系人是谁？谁来敲定方案？

Why——该方案的背景是什么？为什么做这个方案？

以上是 5W2H 在两种不同场景下的运用，这就是知识迁移。为了方便大家理解问题解耦和知识迁移，下面讲一个我朋友从编辑到自媒体达人的案例。

我的一个朋友小王，1990 年出生，毕业于北京某大学中文系。步入职场时，正赶上互联网风起云涌的时代，于是很懵懂地加入了一家互联网资讯公司做编辑，踏踏实实地将自己大学时学到的知识应用到了工作中。

2014 年，微信公众号、字节跳动的头条号等自媒体平台逐渐开始火爆，小王萌生了自己做自媒体的想法。说干就干，他分析在自媒体写出高阅读量文章的本质是文章本身对读者有实际价值，底层逻辑依然是需要扎实的写作功底，加之做到标题足够吸引人、内容有干货、案例接地气。通过以上分析和不断实践，他的文章受到读者朋友的广泛好评，很快就获得几十万的粉丝，打造出自己的个人品牌。

2020 年，小红书、抖音等短视频平台崛起，优质的短视频博主变得炙手可热。于是小王考虑从图文博主转型做视频博主。就如 6 年前那样，他进行分析后，发现要想做好一个视频博主，本质上和图文博主是一样的，需要做到视频内容对用户有实际价值。视频的本质依然是文案，没有好的文案内容，就没有好的视频内容，也更难做到对用户有帮助。在这个分析的基础上，小王将自己以前做编辑、图文博主的写作能力进行迁移，结合视频的特性进行必要调整，很快就成长为一名非常优秀的视频博主,并且在后续完成了很好的商业转化。

现在我们来复盘一下:

小王从编辑到图文博主,再到视频博主的每一次转型,都会进行分析,发现图文、视频的本质都是优质文案写作。这个分析的过程就是问题解耦、识别问题本质的过程。

他对如何写出高阅读量的文章的分析,再到标题足够吸引人、内容有干货、案例接地气,这个细分就是元素拆解。

整个案例中,小王做编辑、做图文、录视频,都是在做写作技能的知识迁移,实现了知识跨界能量的释放。我们也可以举一反三,尝试在不同场景、不同领域内运用同一个知识和模型来解决问题。

3. 目标调参,量化目标的每一项指标

将要达到某项目标的指标进行量化、参数化,在过程中进行参数的调整,以实现最终的目的,这就是目标调参。

具体应该怎么做?

(1)目标拆解,指标量化。

以项目管理的目标进行解析,每项指标定义为满分 100 分。

项目管理可以拆解为:时间管理 100 分、人际管理 100 分、里程碑管理 100 分、目标追踪 100 分、结果呈现 100 分。

基于以上参数定义,完美的项目管理等于以上能力参数之和:500 分。

(2)现状分析,调整参数。

因为很多时候是无法达到完美的能力要求的,所以需要进行调参。

通过对目标的分析后发现:

· 时间充足,并不需要太赶时间,所以时间管理可以为 60 分;

· 关系人的满意度非常重要,必须是 90 分;

· 里程碑管理对于结果达成非常重要,需要达到 95 分;

· 目标追踪,可以定为 80 分;

· 结果呈现的要求并不高,80 分即可。

基于调整参数后的分析,该项目管理工作我们需要完成:60+90+95+80+80＝405 分。

虽然无法达到 500 分的满意度,但基于对工作需要以及工作内容重点的考虑,只需要完成 81%,就已经得到了一个相对满意的结果。

通过调整参数之后的目标,我们运用常规的知识就可以解决,基本不需要再去获取新知识,从而节省了时间和精力。

(3)不断迭代,目标升级。

通过这种调整参数的方式,我们可以在短期内得到一个相对满意的结果。但这个结果,肯定不是我们最终的目标。所以,在未来目标达成的过程中,需要不断提高每一项指标的得分要求,最终实现我们的目标升级。某一天,如果以上提及的项目管理工作可以接近 500 分的时候,就是能力达到一个质的飞跃的时候。

1.3.3 你已经掌握了 20% 的知识,现在要做的就是行动

对于学习这件事情,行动力比想象力更重要,行动起来才会有好的结果。

我们要学会甄别知识,选择对自己有用的,切记不要片面追求多多益善。同时,我们还要用以终为始的思维来看待知识学习

和能力提升。以结果为导向，以解决问题为目标，不断地尝试问题解耦、知识迁移和目标调参，使我们拥有的有限知识释放出无限的能量。

20% 的知识解决 80% 的问题，绝对不是天方夜谭。

只要我们肯从"舒适区"走出，开始和自己较劲了，那我们就成长了。

1.4 学会"改变"，迎来瞬变的自己

改变，是我们生活中始终要面对的问题，意义无须赘言，但为何很多人夭折在改变自己的前一天？改变，真的很难吗？

在进入"改变"这一主题之前，我们先做一个小测验。

下面五句话，你若有同感，可以在"□"中画"√"。

□ 我常常准备阅读一本书，却总感觉有很多事情要做，没读几页就放弃了。

□ 我收藏了很多文章，却没有时间读完。

□ 我感觉身体处于亚健康状态，想尝试跑步，只跑了一天，感觉太累就没再继续。

□ 我工作时常常忍不住看手机，自己想克服这个毛病很长时间了，但还是没有改掉。

□ 我的房间里乱糟糟的，想收拾但总是行动不起来。

我们一起来看一下答案：

·一个"√"都没有，说明你自制力强，善于改变自己。

·有 1~2 个"√"，说明你在改变自己这一方面做得一般，还需

要掌握更多的方法。

·有 3~4 个"√",说明你的改变能力比较差,需要掌握正确的方法来改变自己。

·有 5 个"√",说明你无法改变,自己在改变面前毫无还手之力,需要了解改变的底层逻辑,再采取行动。

以上五种情况是我们日常生活和工作当中经常遇到的,我们在很多时候去尝试改变自己,但最终以失败告终。当然,这里面也包括我自己。

是我们改变的决心不够坚定吗?不是,每一次我们都是怀着"不撞南墙不回头"的决心想去改变;是我们对改变的投入不够大吗?不是,为了学习买了很多书、买了 kindle;为了减肥办了健身卡,买了跑鞋、运动服……

那为什么"改变"看起来那么难?

是因为我们没有理解"改变"的底层逻辑,没有掌握正确的方法。

1.4.1 在尝试改变之前,先了解一下"象与骑象人模型"

什么是"象与骑象人模型"?

该模型是心理学家乔纳森·海特提出的,这一模型通过非常形象的比拟方式来解析感性与理性的部分。模型指出,我们的大脑是由大象和骑象人共同作用的,大象代表着我们的感性,而骑象人代表着我们的理性。比如:

你原计划早起去跑步,你的大象却希望在被窝里再多睡一会儿;你的大象喜欢吃甜食,但理性的骑象人又告诉你,吃甜食容易发胖,不利于减肥;你的理性的骑象人想通过阅读来提高专业技能,但你的感性的大象总想着去追剧;当你的大象和骑象人之间产生冲突时,无论你的改变计划有多么周详,你的改变态度是多么坚决,最终都会以失败告终。

通过对这一模型的理解,我们可以看到,改变从来不是一个对态度的考验,因为你的态度在改变这件事上根本起不到多大的作用。那么,了解这一模型有什么好处呢?

(1)可以更加形象地从感性和理性的角度去剖析"改变"的底层逻辑,让我们不再两眼一抹黑地去行动;

(2)给付诸改变的行动指明方向,让我们在改变自己这条道路上有的放矢;

(3)可以让我们成为引导他人改变的导师,通过模型的理论基础去影响他人。

改变是一个对智慧的考验,需要理性和感性相互指导、共同促进,从而达成一致。

1.4.2 使用正确的方式解锁"改变",迎来崭新的自己

行为心理学家希思提出:"阻碍我们进行改变的重要原因,是我们希望变革的理智思考与已经存在惰性的情感需求不合拍,两者互相牵制,使得我们难以做出改变。"

根据"象与骑象人模型",希斯的意思是"骑象人希望按照自己的计划走向目的地,但懒惰的大象不听指令犹豫不前。"迎来"瞬变",我们需要从"骑象人""大象""路径"三个维度展开行动。

1. 指挥"骑象人",充分发挥理性之光

(1)找到改变的亮点,看到未来的星星之火。

找到改变的亮点,并且加以分析这些亮点背后的道理,才能为理性的骑象人指出改变的正确方向。我们可以从一些过往的信息中找到成功案例,哪怕只是一些小范围的成功案例,复制这样的亮点,将其融入自己的行为当中,就可以取得一定成效的改变。

比如,你要通过考试获得一种职业的资格证书,就可以从大量的成功学员中去甄选与自己相近的案例,从他们的成功过程中发现亮点。比如他们是笔记做得好、模拟题练习得多,还是跟身边的学员交流多,其中的某一个或几个亮点就可能成为你发生改变的决定性因素。

(2)制定关键措施,让关键动作看得见。

想要改变,并非改变中的所有环节都是至关重要的,你需要在关键的环节制定关键措施,并且让关键动作清晰可见。

歌德曾说:"重要之事绝不可受芝麻绿豆小事的牵绊。"你所制定的关键措施,就是你改变当中的重要之事。

很多人想通过读书、学习来改变自己,但几乎所有的学习计划都半途而废。到底是哪里出了问题呢?是自己的驱动力不够,学习目标不明确,学习方法不对,还是哪个环节出了问题呢?在读书、学习上,很多人陷入了深深的苦恼。

沿着"制定关键措施,让关键动作看得见"的思路,我对自己以及身边朋友的读书、学习进行了观察和总结,发现"坐下来"是最重要的环节。如果坐不下来,即使自己想读书的欲望再强、买了再多的书都没有丝毫价值。

于是,我给自己制定了"坐下来阅读 5 分钟"的关键措施,每次阅读我不给自己施加太大的压力,不强制自己必须阅读 1 小时或者 100 页,那种目标看似很明确但实施起来却很难坚持。坐下来阅读 5 分钟很容易实现,并且根据我的实践经验,一旦能静下心来认真阅读 5 分钟,就已经进入阅读的状态,就会获得一次成就感,后续自然而然地就会阅读更长的时间,从而完成自己阅读学习的目标。

(3)确认改变的目标,释放愿景的力量。

为什么女孩儿一到夏天就会充满减肥的动力?是因为自己已经无福消受那些漂亮的、修身的裙子,自己备受打击,于是决定减肥。

我有一个好朋友,身材比较健硕,他找了一个和他身材相仿的女朋友。当年他为了鼓励女朋友减肥,他的举动让我大吃一惊。

他并没有给女朋友买一堆的健身卡,而是买了好多漂亮的、瘦瘦的衣服,然后共同约定,如果在第二年减肥成功,就带着这些漂亮的衣服去马尔代夫度假。

结果呢?他们成功了。

朋友的这个动作,就是确认了改变的目标,并且充分释放了美好愿景的力量。

2. 激励"大象",调动感性的力量

(1)找到改变的感觉,从心出发。

人的大脑都有惰性,当理性无法战胜惰性的时候,就需要让感性有感觉,这样它才会愿意付诸改变。

关于读书这件事,我曾经下过很多次决心,但始终没有大的改变。最终让我重新开始阅读、学习的,是我重新布置之后的书房,让

我找到了改变的感觉。

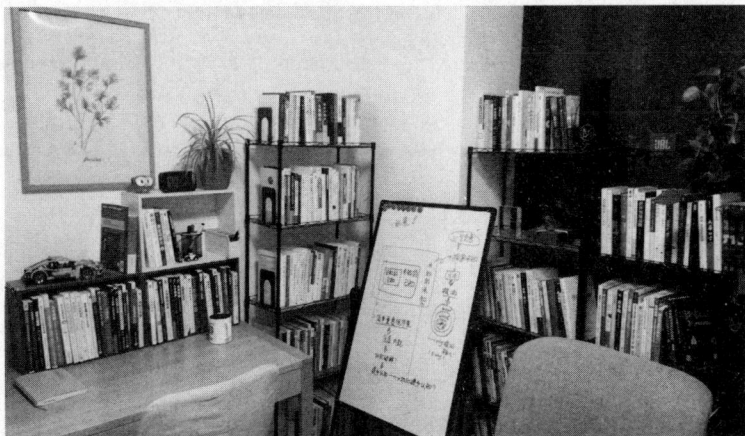

我的书房一角

为了激发自己改变的欲望,找到读书和学习的感觉,我买来简易书架、白板、绿植,从箱子里找出珍藏已久的书籍,加上新买的待阅读的几十本书,精心布置了一个富有学习氛围的书房。为了让这个书房更加富有灵气,我还将自己心爱的跑车玩具、招财蛙、猫头鹰番茄计时器放在书架上面,让自己更喜欢这个书房。

当我布置完毕拍下这张照片的时候,内心充满了欣喜,也充盈着要改变的冲动。这种冲动就是"改变的感觉"。

周末,伴着窗外的阳光,我会挑选一本喜欢的书,然后坐在沙发上安安静静地阅读。当自己从书中获得灵感时,就会在身边的白板上写写画画,将自己的想法快速地记录下来。

自从有了这个书房,半年内我阅读了 20 本书,在逻辑思维、人力资源、领导力建设方面有了不小的进步。

就在那一瞬间,改变的动力从我的心中萌发,并且快速成长。

(2)缩小改变的幅度,创造成就感。

当你改变时,你感性的大象总会想着"前面的路途太遥远,改变起来太难,还是原地不动为好"。这种潜意识的畏惧,让你的改变难上加难。

我们可以缩小改变的幅度,让每一小步的改变都能够去创造我们的成就感,让我们变得愈加有改变的信心。

你肯定也有过收拾房子的经历,房子里乱糟糟的,但是始终"没时间"收拾。一位心理学家提出了"5 分钟房屋整理术",意思并不是说在 5 分钟内整理完毕,而是每一次的房屋整理都只进行 5 分钟,无论收拾到什么程度,哪怕你只是整理了一下书架,只要 5 分钟一到,就立刻停止。

这个动作就是缩小了我们改变的幅度,让每一次改变的难度都变小,从而驱使我们感性的大象往前迈出第一步。

(3)积极影响他人,找到属于自己的认同感。

著名餐饮公司海底捞以服务周到、员工富有热情和创造力著称。

比如服务员发明了一道菜,店长就会将这道菜以该员工的姓名命名,其他员工在给消费者服务的时候,都会积极地去讲述关于这道菜菜名来历的故事。发明菜肴的员工获得了认同感,从而会激发更大的创造力;而其他员工也会受到这些寻求改变的员工的影响,从而形成一种正向积极改变的氛围。

3. 改变路径,调整环境给予辅助

(1)调整环境,获取外部能量。

有时候你觉得改变自己很困难,可以试试能否改变环境。

这里讲一个自己刚到北京时的故事,帮助大家更好地理解:

2014 年初,我刚到北京工作时,由于当时的收入较少,为了每月省 1 000 元的房租,就在北京昌平区的沙河北大桥附近找了一个合租民房。

刚住时并没什么,但随着住的时间越久自己越发焦虑,为什么呢?因为居住环境和我个人的追求发生了巨大的冲突。我是一个高度追求成长的人,下班之后会按照学习计划进行阅读和上课。可是,和我一起合租的舍友要么是外地进京的务工人员,要么是小商小贩。每当我想读书学习的时候,他们基本都在喝酒打牌,他们的生活习惯慢慢地影响到了我的状态,我变得很焦虑,学习质量也很差。

为了尽快改变这种局面,我决定调整自己的居住环境,从偏远的郊区搬到海淀区科技大学附近居住。在这里租房子的年轻人,大部分在互联网行业工作。合租的新舍友,一个是互联网公司设计经理,一个是教育公司的产品经理,每天下班后我们三个都会在自己的房间里学习,时不时还会聊聊最新的互联网资讯、最近在阅读的书籍等。自从搬到新住处,我整个人的状态好了很多,个人能力也得到了极大提升。

这个故事是我自己真实的故事,也是一则通过调整环境获得外部能量改变自己的案例。

(2)培养习惯,使"习惯成自然"。

如果你想改变,就请养成改变的习惯,并且最好立即行动。

作为一名职业生涯规划师,有很多职场人会问我如何改变拖延的习惯。比如早上到了办公室,先去冲咖啡,然后和身边的同事闲聊几句,工作一拖再拖。因为已经养成了这种习惯,所以你感觉改变起来很难。

我的建议就是,重构工作习惯,培养正确的习惯,并且逐渐使习惯成自然。

当你早上到了办公室,就立即规划今天的工作,将重要、紧急的工作限定时间完成。当这些都告一段落之后,你可以去冲一杯咖啡,顺道和身边的同事聊一聊工作的进展或者项目的规划。

(3)召集具有相同爱好的同伴。

如果是你一个人独自跑完 5 千米,那么你会觉得费劲,疲惫不堪。但是,如果你是和一群人跑步,就会感觉轻松很多。

如果你想改变却不能坚持下去,就请不要把这种改变当作自己独立完成的事情,而是尽量地"呼朋唤友",形成群力。

有人爱阅读,但是坚持不了几天,于是就有了各种读书会。很多人聚在一起读书,相互分享,相互交流,一同改变。

有人喜欢登山,但一个人独自登山又觉无趣,于是就有了驴友社团。三五驴友相约,收获爬山乐趣。

这就是同伴的力量。

1.4.3　总结

想改变不爱阅读的习惯,如果不坚持每天都阅读,那么你买再多的书都是没有用的;想改变不爱学习的习惯,如果不学习,那么你收藏再多的经典文章也是没用的;想改变亚健康的状态,如果不坚持锻炼身体,那么你办再多的健身卡也是没用的;想改变拖延的习惯,如果不学着改变,那么你设置再多的闹钟都是没用的。因为那些都是身外之物。"改变",没有想象的那么难,科学用力,我们一起迎来"瞬变"的自己。

1.5 剖析根因找到方法,有效治愈精神内耗

有的人因为领导的一个眼神、一句话就思绪万千、坐立不安;也有的人担心自己无法漂亮地完成上级交代的任务,深夜辗转反侧,彻夜难眠;更有的人因为经济环境导致自己升职加薪的计划泡汤,就开始变得焦虑,自暴自弃。

这些人的心情被过于复杂和敏感的内心活动绑架,从而进入了焦虑、烦躁、压抑等消极的内耗状态。这种内耗的状态,被心理学家鲍迈斯特称之为"自我损耗"。

自我损耗越严重,内心就越是焦躁,心神就越是混乱,做事也提不起兴趣来,注意力无法集中。有些人开始用沉溺短视频、游戏、酒精等不良手段来麻痹自己,这只会让自己的生活和工作越来越糟糕。

我也曾是一个精神内耗者,希望大家能通过这节内容一起寻得内耗的根因,找到治愈内耗的方法,终得心境安然。

1.5.1 看清精神内耗的真面目

对于"精神内耗"有两种解释,尽管表达不同,但意思是一样的。学院派的解释:一般是指人的情绪总是受到外界极大的影响,逐渐失去了自我掌控,内心无时无刻不在自我斗争、自我反思、自我消耗,从而造成心理上的痛苦。通俗版的解释:精神内耗,是一个人

自我纠结、犹豫、自责等行为下，对自我的精神资源造成的消耗，等自我精神消耗严重的时候，人会处于一种疲惫的状态，平常最常见的感受就是累，没有理由的累。

1.5.2 为什么我们会精神内耗

著名心理学家阿尔伯特·埃利斯认为："每个人都有负性思维，包括极端化思维、过度焦虑、消极的情绪推理等，是一种自然而然出现的消极心理能力。"当这种消极的心理状态积累到一定程度并开始左右心智的时候，自然也就进入了精神内耗的状态，也就是感觉"身体被掏空"的原因。

通过观察身边诸多精神内耗朋友们的状态，加上对自己精神内耗过程的总结，产生的原因主要有如下 3 种：

1. 过于敏感，想得有点多

过于敏感的人总是能"敏锐"地感知到各种细节，从对方一个岔开的话题、一个游离的眼神、一句稍微带有一些情绪的话语，都会展开无限遐想，揣测对方是不是对自己不满意。这里的"对方"，可能是自己的领导、男/女朋友、家人，甚至是一个陌生人。

比如：领导在工作群里发了一篇文章，让群里的同事们都表达一下自己的想法。此时，你反反复复在想如何能说到领导心里去，生怕表达不好给领导留下不好的印象。在这种反复的揣摩之中，你的精神就在被内耗。

2. 要的太多，急于短平快

工作中看到同事演讲时侃侃而谈，觉得自己演讲表达能力不行，于是就打算学习演讲；看到同事数据分析很厉害，就打算学习

SQL；看短视频时看到知识类 UP 主旁征博引，就想自己录短视频，也成为他们那样的人。心里想要的太多了，而且总是想着通过很短一段时间的努力就能获得丰厚的回报成为很厉害的人，但结果总是适得其反。在每一次的期待破灭之中，精神也在不断被内耗。

3. 完美主义，轻微强迫症

完美主义是一把双刃剑，有时会因为高标准严要求而取得巨大的成就，当结果不符合自己预期时，就会产生极大的心理损耗，导致心累。

领导安排任务时，自己踌躇满志，誓要拿到一个十全十美的结果。于是，自己开始反反复复打磨方案，深夜大脑还在自动运转思考方案，严重者还会导致失眠。

如果只是对方案要求高，也无可厚非。但如果自己已经开始无法忍受差错的出现，达不到预期会一直纠结，就说明已经有了轻微强迫症。一旦进入这样的状态，自然就会产生精神内耗。

4. 信心不足，缺乏安全感

领导安排的工作，担心自己的能力不行完不成任务，甚至担心完不成任务的后果；开会讨论问题，不敢在大家面前表达自己的想法。

上面这两点是职场中信心不足最常见的表现。

信心不足的人，既压抑自己的想法，又渴望得到别人的欣赏，内心非常纠结。

信心不足的人，总是拿自己和别人比较，非常担心别人说自己不好，听到一丝关于自己的负面评价就牵动自己敏感的神经。在这种缺乏安全感的自我怀疑中,造成极大的精神内耗。

1.5.3 如何有效治愈精神内耗

1. 坦然面对人际关系,修炼"被讨厌的勇气"

精神内耗的人,遇到问题总是会"向内消化",总是会"浮想联翩",会在主观上放大负面感受,从而导致自己积郁成疾。

面对容易让自己紧张的人际关系时,需要自己拿出"被讨厌的勇气",做真实的自己。不要太在意别人对自己的评价,这些评价除了影响自己的心情外,丝毫没有任何其他有益的作用。

"金无足赤,人无完人",我们做不到让每个人都喜欢,"被讨厌、不被接受、不被认可"是职场和生活中经常有的事,既然规避不了,那坦然接受就好了。

2014 年我刚到北京工作的时候,我的领导王总就告诉我,在职场中不要奢望得到 100% 的人的认可,如果对人际关系过于敏感,自己会活得很累,坦然做自己就好了。王总的这些话对我后来的职场生涯影响深远,我也逐渐建立起了坦然面对人际关系的习惯。

2. 明确目标轻重缓急,学会"给人生做减法"

想成为很厉害的职场人,是非常值得点赞和认可的。但有些职场人囿于时间和精力,不能同时开展太多的行动,无法达成心中的很多目标时,就会让自己很有挫败感。

这个时候,需要学会给自己做减法,将自己的目标明确轻重缓解,将目标分层管理,分拆成短期目标、中期目标和长期目标,让自己在一段时间内聚焦到一个可实现的目标上来,充分投入自己的行动力拿到满意的结果,最终获得内心的成就感,形成心理正能量的正循环。

这里举一个我自己学习成长的真实案例:

2014 年我刚来北京时,看到身边的同事都很优秀,内心无比崇拜的同时也很焦虑,心想怎么才能在已经落后同龄人的情况下尽快通过学习弥补自己的短板。

有段时间,我简直就是胡子眉毛一把抓,一边学习人力资源的专业课程,一边开始计划领导力的学习,同时心里还惦记着锻炼自己的演讲能力,以便更好地打造自己的个人优势。那时候,我在一个半年度内至少有四个目标,看似非常自律,实则焦虑无比。当因为精力和能力所限无法达成阶段目标时,我陷入了内耗的怪圈,甚至开始失眠。

后来,随着自己的心智越来越成熟,我开始意识到:我需要在一定阶段内聚焦关键目标,给自己做减法,进而治愈自己的内耗。

2015 年春节之后,我只给自己定了一个提升 HRBP 专业能力的成长目标,计划这一年只围绕这一个目标来持续学习。给自己做了减法之后,整个人都轻松起来,失眠症也神奇地康复了。

3. 适当降低心理预期,尝试"先有后优"

追求好的结果是一个人取得更大成就的动力,但如果一味地拿难以企及的标准来强行要求自己,会让自己变得焦虑,甚至惧怕自己给自己设定的人生目标。

适当地降低心理预期,坦然接受自己的不完美和平凡之躯,心态会更加平和。

无论是完成工作任务,还是自己职场上的成长追求,都可以适当降低预期,从自己能做到的目标开始,尝试"先有后优",逐渐朝着卓越的目标前行。

2016 年正值三十岁之际,我想在职业发展上实现一次大的突破,走上管理岗位,挑战高薪。但那一年是我刚来北京发展的第三年,这个预期明显高于我当时的能力。那次职业挑战,以失败告终,自己又陷入了一段时间的内耗。

幸运的是,我遇到了一位老师,当年她对我说的话至今记忆犹新。她告诉我:职业发展上要懂得接受自己的不完美,敢于承认自己在专业、智力、能力等方面的不足,适当降低心理预期。当我明白了这个道理后,我不再那么焦虑,慢慢开始适当放低预期,努力实现阶段内的小目标,然后逐渐挑战更高更大的目标。也就是从那一年开始,我的职业发展愈发顺利,最终取得了不小的专业成绩。

4. 建立自身优势视角,培养"成长型思维"

优势视角,就是把注意力聚焦到自己的优势和所掌握的资源上,不再一味地只关注自己的短板和不足,从而切换到更加积极乐观的角度来思考问题。

当你对一件事情一筹莫展,陷入精神内耗的时候,不妨让自己停下来、安静下来,想想在处理这件事情上的优势有哪些、资源有哪些,这些都可以帮助你摆脱内耗,也更利于问题的解决。

比如,2017 年我开始做千人团队的 HRBP 时,发现和做百人团队的 HRBP 真的不一样,当时一度一筹莫展。于是我开始审视自身优势,采用成长型思维来看待问题。

```
                                            ┌── 关键业务场景
                            ┌── 学习业务 ────┼── 关键业务概念
         ┌── 较强的学习力 ──┤                └── 关键业务数据
         │                  └── 学习专业
         │
         │                                  ┌── 六个盒子
         │                  ┌── 问题诊断 ───┤              ···> 问题诊断方法
         │  系统思考的能力 ─┤                └── 杨三角
         │                  └── 教练辅导
千人业务团队
HRBP，我的 ──┤                           ┌── 组织 ──┬── 有千人业务团队组织结构调整的项目经验
优势分析     │                           │          └── 有组织绩效的项目经验
         │                           │
         │            科学辅导方法      │          ┌── 招聘方面比较专业，4年的招聘工作经验
         │                           ├── 人才 ──┼── 个人善于培训，认证过多门领导力课程讲师
         │  体系化的HRBP专业能力 ──────┤          └── 能敏感地感知人的心理活动、情绪状态
         │                           │
         │                           │          ┌── 有文化项目推动经验
         │                           ├── 文化 ──┴── 个人富有创意，文化活动可以搞得丰富多彩
         │                           │
         │                           └── 机制 ──── 有十几项日常管理机制建设的经验
         │
         └── HR圈内人际资源沉淀 ──┬── HRBP朋友比较多，可以进行问题讨论
                                  └── 培训师朋友比较多，可以引人作为外部培训资源
```

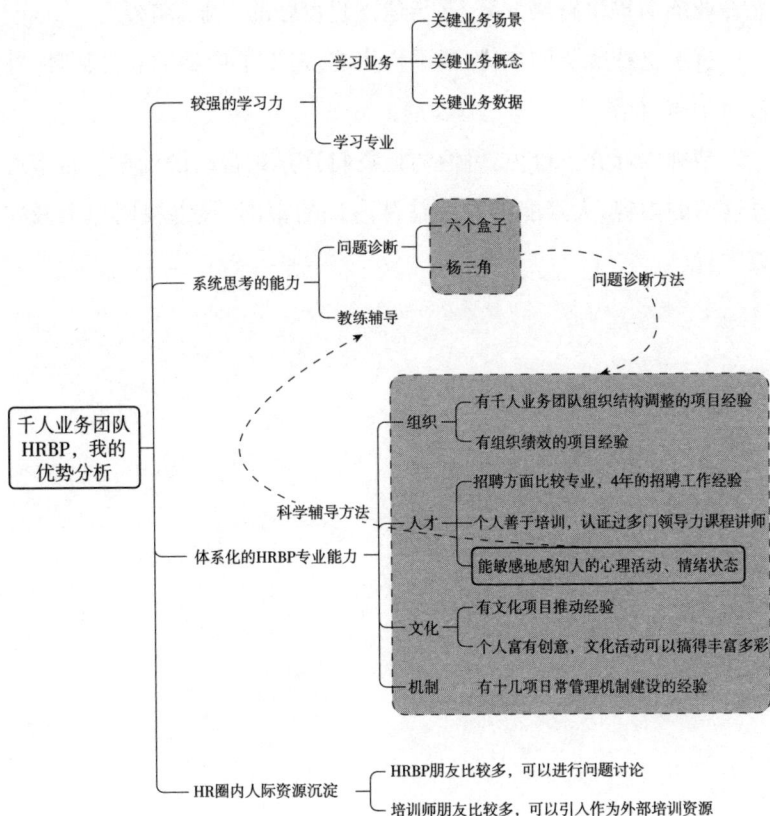

个人优势分析

我发现自己的优势有：较强的学习能力、系统思考的能力、体系化的 HRBP 专业能力以及在人力资源圈里不错的人际关系积累。这些优势可以帮我解决不同问题，比如较强的学习能力，帮我从关键业务场景、关键业务数据、关键业务概念等方面快速理解业务，夯实千人业务团队 HRBP 工作的基础；体系化的 HRBP 专业能力，帮我有效诊断业务团队在组织、人才、文化、机制等方面的问题，并依

靠专业能力提供解决方案,逐步建立起较好的专业影响力。

有了这些优势的加持,我不再焦虑,走出了内耗的恶性循环,并且越来越自信。

精神内耗并不可怕,可怕的是我们放弃对自己的治愈。希望通过这节的内容,大家能够找到精神内耗的根因,最终找回那个最绽放的自己。

第 2 章
有效表达方法论

2.1 人人可轻松掌握的演讲公式

我的第一次公开演讲发生在 2010 年，那一年是我毕业后工作的第一年。当时我作为人力资源部门的负责人，要在公司全员大会上做一次业务启动，鼓励所有员工为公司年度目标发起冲刺。

在演讲之前，我口干舌燥，紧张得出了一身汗。我站在台上，大脑一片空白，完全是在靠本能演讲。现在回想起来，我才发现自己以前的演讲表现是多么鲁莽和无知，完全是靠一种动物的意识在演讲，没有掌握任何方法论。

每次看到像俞敏洪、罗永浩、乔布斯这样的企业家在台上侃侃而谈，真的非常羡慕他们的演讲魅力。作为一个职场人，我也非常明白演讲已经成为卓越职场人的一项核心技能。

人人都明白演讲的重要性，但为什么每次演讲的时候总会非常紧张，甚至让人望而却步呢？

很多人都会有这样的经历，当你走到演讲台，看到无数双眼睛在看着你时，大脑总会一片空白，这是因为我们大脑中原始的杏仁体在起作用。

当杏仁体起作用的时候,我们的行为就会脱离理性大脑的控制,从而进入动物的本能。因为在原始社会中,动物总会在遇到危险的情况下选择战斗或者奔跑,从而获得生存。这时候的血液流向我们的四肢,而非大脑,这也就是我们每次演讲的时候大脑一片空白的原因。

2.1.1　80%的人,都掉进了两类错误的演讲"陷阱"

很多人都尝试通过演讲课程的培训,意图掌握更多的演讲技能,以提高自己的演讲水平。但80%的人都掉进了以下两类错误的演讲"陷阱"之中。

第一类"陷阱":力求100%的完美

每一个演讲人都希望得到听众的呼应,希望自己的主题得到听众的认可,这是人之常情。但有的演讲者在演讲的过程中,总会调动自己的每一个脑细胞去迎合在场的听众;或者对自己的每一个动作都特别在意,力求拿捏到位。比如当说到"过去、现在和将来"时,他们会考虑是要做出左手的动作还是做出右手的动作来配合;他们会特别在意自己的站姿、走位,甚至希望与每一个听众的眼神都能交互。

以上这些行为,其实就是过于追求完美。这种过于追求完美的演讲认知会让整个演讲变得很累,最后可能会偏离演讲的主题。

第二类"陷阱":对于听众错误的理解

有很多演讲初学者会被告知,当紧张的时候,你就把听众当成"大白菜""土豆"。其实,这种心态是大错特错的。或许会降低紧张的概率,但你会变得面无表情,变得失去情感交流,甚至变得烦躁。

所以,当你要演讲的时候,可以试着用送糖果的心态来对待。你送出去的糖果肯定会有人喜欢,有人不喜欢;有人喜欢得多一些,有人喜欢得少一些;有人会对你说一句"谢谢",有人会对你爱搭不理。有了这样的心理准备,一切演讲在你面前便都不是问题。

2.1.2 成功的演讲＝一条坡道+三点发现+一块"甜点"

经常会在网络上看到乔布斯、俞敏洪的演讲视频,总会被他们的演讲技巧、内容以及蕴含的情感所打动。这些名人无不是在使用"1 条坡道+3 点发现+1 块甜点"的演讲方法,而这一方法由彼得·迈尔斯提出。通过以下三点,我们也可以轻松掌握,成为演讲达人。

1. 一条"坡道"

坡道就是演讲的开头、引子。演讲一开场就要勾起听众的兴趣,吊起听众的"胃口"。如何构建坡道?常用的坡道构建方法有以下三种。

(1)讲故事。

在演讲一开始,通过讲故事的形式迅速勾起听众的兴趣,拉近距离。

俞敏洪在《相信奋斗的力量》演讲中是这样讲的:"我们每个人的出身都不一样,曾经年轻的时候,会抱怨自己出生在一个贫困家庭;曾经年轻的时候,会抱怨自己的父母什么都没有给自己。混迹北大整整七年,没有一个女孩儿爱上我,我发现身边很多同学都已经谈过好几次恋爱……"

这种方式就是在讲故事,俞敏洪老师讲了自己的出身,讲了自己上大学时没有谈恋爱的经历。这种故事的坡道可以抓住听众的兴趣点,并且让有同感的年轻人快速地和自己建立共情。

(2)抛悬念。

在演讲一开始抛出一个悬念,抓住听众的好奇心。

锤子科技 CEO 罗永浩在 2018 年产品发布会上的演讲,一开始就抛出一个悬念:"今天我们要发布一款'颠覆性'的产品……"对于听众而言,他们就会非常好奇这款颠覆性的产品到底是一款手机、一台电脑,还是其他高科技产品。之前看了一个关于高情商沟通的视频,里面的老师第一句话就说:"怎么说话才能够 100% 说到对方心里去呢?"这个问题一抛出来,立刻给我制造了一个悬念:100% 说到对方心里去,那得拥有多么强的沟通能力啊!在这个悬念的引导下,我最终把这个视频看完了。

(3)抓痛点。

在演讲一开始列出听众的痛点,并在最后给出答案。

比如某手机厂商,在新品发布会演讲一开始,就抛出这样一个痛点:"什么样的手机让你的自拍更美?"相信对于很多喜欢自拍的人而言,把自己拍得更好看,是目前一个很大的需求点。在个体需求点的引导下,他们会坚持听完以求得到最后的解决方法。

2. 三点"发现"

这里的"发现"是什么?就是在演讲过程中,通过你的演讲内容与听众产生连接,开启听众的发现之旅,而非填鸭式的灌输。

《金字塔原理》一书中讲道:"三点是最容易让人记忆的,一旦超出三点,人的记忆就会产生遗忘,会影响整体的表达效果。"所以,最好是将"发现"控制在三点之内。那么,如何控制呢?

(1)坚持"总分原则"。

比如你代表企业去高校做一场演讲,目的是吸引更多的高校人才加入你的企业,那么"发现"这一部分就可以这样概括:

"同学们,互联网时代已经到来,我们企业作为国内著名互联网公司之一,对高校优质人才的引进上不遗余力,我们公司主要有以下三点优势:

第一点:能够给毕业生提供更广阔的平台施展才华;

第二点:我们实行高管师徒制,让你零距离接触高管,更快成长;

第三点:我们企业实施轮岗,让你有更多的机会去尝试不同的岗位,充分发现自己的兴趣点。"

以上这段话的三点就是概括,再对每一点展开描述,就是采用了总分原则。

(2)坚持"接地气"。

演讲,虽然有方法可循,但是不要完全生搬硬套。

以前听过一个演讲,演讲者采用类比法,说的是管理要端平"三碗水":第一碗是端平管理的水;第二碗是端平财务的水;第三碗是端平资源的水。

这种演讲看上去很工整,也特别显水平,但是不接地气。我们的演讲最好采用能够与生活连接、情感连接的故事和案例,这样的演讲才会让人听起来舒服,才会投入地听下去。

(3)坚持"有用"。

演讲的目的绝对不只是让听众听完就结束了,其真正的目的是要通过演讲这种方式来传递有用的价值或者情感,也就是我们一定要坚持演讲有用的目的。有很多演讲者为了营造活跃的氛围,会讲很多有意思的话来博得听众一笑。当然这是一种方法,但我们更多的还是要通过演讲的内容,对听众产生实际有用的影响。

小米创始人雷军在年度演讲《永远相信美好的事情即将发生》中讲道:"我在面临这些挫折和失败的时候,和大家一样迷茫,我也曾经动摇甚至放弃过。但是今天站在舞台上,我想跟大家说,如果没有这些挫折,没有这些失败,没有这些挫折和失败带来的积累,就绝对不会有今天的雷军。没有任何人喜欢挫折和失败,但不可避免的是我们每个人都会遇到挫折和失败。而且,我相信此时此刻应该有不少人就在挫折和失败之中,在迷茫和焦虑之中。那么,既然这些痛苦都难以避免,我们就不要逃避了,我们要去直面这些痛苦,在痛苦中前行,让痛苦来塑造更好的我们,这就是我今天讲的痛苦的意义和挫折的馈赠。"

上面雷军的这段演讲,对听众的情感、意志、奋斗精神等方面是有用的。也正因如此,他的这次跨年演讲让千万年轻人重新燃起了奋斗的热情。

3. 一块"甜点"

"甜点",就是在演讲的最后,通过一则故事、一个比喻或者一句名人名言来与你的主题相呼应,让听众记住你的演讲。

很多人的演讲都是以提问结束的,这其实是一种非常不好的方式。因为在提问的过程中,人们的思维会发散,从而更易对你的演讲产生遗忘。所以,要释放"甜点"将听众的精神再次聚拢,画龙点睛。

(1)"甜点"要与"坡道"相呼应。

记得曾经有一位领导在给员工做婚礼演讲时,一开场搭建的"坡道"是一个悬念"儿子问爸爸,人为何要结婚? 爸爸回答,是因为要幸福。"

领导在最后抛出的"甜点"是这么说的:"每一个小男孩都会长大成人,会步入婚姻的殿堂。我相信在他眼里,今天是最幸福的时刻。"

"坡道"中的"儿子""幸福"与"甜点"中的"小男孩""幸福的时刻"交相呼应,起到了非常好的收尾作用。

(2)"甜点"要短而精,不要冗长。

经常听我的一位朋友抱怨,他的领导在每次演讲的最后都要做一个"简单总结",这一总结又是一个小时。我们的演讲在最后的"甜点"一定不要出现这样的情况。

曾经听过一场《人生没有白走的路,但有弯路》的演讲,演讲者的最后一句话简明扼要:"所谓虚度光阴,岁月静好,那是留给已经事业起飞的人的,我们这些还在摸爬滚打的人就不要煽情了。"这句话稍显幽默,又特别耐人寻味,就是一个非常好的"甜点"。

在未来的职场上,卓越的演讲能力将是职场人的核心竞争力之一,尽早掌握这项技能,我们的价值和优势将倍增。

成功的演讲=一条"坡道"+三点"发现"+一块"甜点",牢记并且践行,你便可以成为演讲达人。

2.2 如何巧妙地汇报"坏消息"

愈坏的消息,应该用愈多的气力沟通它。

——《只有偏执狂才能生存》(安迪·格鲁夫)

在职场中,我们总会面临"坏事"的发生,如何做既能妥善处理这些"坏消息",还能保护自己呢?

在调研了身边的一些同事之后,我总结出的方法有两种:

· 不要急着汇报,自己先努力解决,然后拿着结果再作汇报。

· 第一时间汇报,不要让"坏消息"砸在自己手里。

不要急着对以上两种方法下定论,先看看我的故事和解析,希望可以帮助到你。

2.2.1 我小舅子,因为这事被辞退了

我的小舅子,23 岁,本科毕业,在一家互联网金融公司做薪酬工作,刚入行不久,算是新人。

在上个月的一个周末,我正搂着儿子看动画片,他的电话打了进来:"姐夫,我被辞退了。"

我问:"具体什么原因,跟我说说。"

他说:"7 月份我们公司出了一款新型理财产品,销量不错,我负责产品销售提成的核算,涉及 80 多个人,约 200 多万元。当薪酬发下去之后,我才发现我在核算的时候出问题了,应该是我看串行了(表格),80 多个人只有 5 个人的提成是对的,其他人全算错了。"

我说:"你这属于严重的工作失职。你第一时间向主管汇报了吗?"

他有点自责地说:"没有,我想着自己是新人,这份工作来之不易,就没敢说。我想着自己抓紧时间重新做表,然后对出差额。但我做出差额后,才发现没有那么简单,因为涉及个税、社保、公积金、福利津贴等各种数据,还有补发、扣发等,于是我就晕了,这些我都不懂。然后我就去找财务部的同事,想让他们跟我一起加班,悄悄地解决这件事。

"这还不是最坏的结果,市场部的同事最先发现了问题,打电话来质问,然后就是 10 个、20 个电话打进来。我都崩溃了。

"当我告诉领导这个坏消息的时候,时间已经过去一天半了,市场部闹得沸沸扬扬,财务部的同事也埋怨我让他们白加班了。"

我问道:"你的主管怎么说?"

他说:"刚开始他没有表态,而是第一时间向总监汇报了这件事,找 HRBP(人力资源业务合作伙伴)团队尽快安抚市场部人员的情绪,又找财务部协同拉群沟通应急方案,很快就解决了。但就在昨天下午,他约谈我,说我不太适合这份工作。"

说到这里,我的小舅子都快要哭了:"工作就这样没了。"

其间,我对他的安抚和劝导就不在这里多言,想必通过他和他主管的做法,段位高下一目了然。

我的小舅子被辞退这件事,固然已经无法挽回,但对于"坏消息"汇报的理论逻辑和实操技巧,我将通过下文一一展开。

2.2.2 "坏消息"一定早汇报,小心"波斯信使综合征"自毁前程

《穷查理宝典》这本书中提到,"波斯信使综合征"是指人会倾向于讨厌与坏消息有关联的一切事物的一种心理状态。

这一心理学名词来源于一个故事:在公元前 5 世纪的希波战争时期,波斯的国王有一个习惯,就是会重重嘉奖带来好消息的报信人,而把带来坏消息的报信人全都杀掉。

对于这类心理,你可以理解为讨厌某个消息,会连带讨厌与这个消息有关的人和事物。

我们很多人都会陷入"波斯信使综合征"的怪圈,有了坏消息

也不愿意或者不敢及时上报，这其实是一种非常错误的心理。

这种心理给我们带来的主要危害如下：

1. 延误"坏消息"汇报的最佳时间

工作汇报也是有时效性的，尤其是此类坏消息，一旦延误了最佳的上报时间，就有可能造成不可挽回的损失。

比如跟丢了一个大客户，如果第一时间上报，领导通过整合资源或者人际资源，还是有可能拿回订单的。但如果延误了最佳的时间，这个客户已经被竞对公司抢走，那对于公司来说就是非常重大且直接的损失。

2. 形成"不靠谱"的人设标签

人们都说"靠谱"是对一个职场人最高的褒奖，那"不靠谱"就是非常不好的人设标签。一旦有了这个标签，那这个人的职业发展就会受到不小的影响。

比如前面我的小舅子的案例，虽然在金钱上没有直接的损失，但团队氛围受到了消极的影响，说得严重一点儿，员工可能会对公司的某些部门打上"不靠谱"的标签，形成极其恶劣的负面影响。

我们返回文章一开始的两种做法，你心里有自己的打算了吗？

作为打拼 10 多年的职场人，我建议：千万别想着先把问题解决了再汇报。思考逻辑如下：

（1）如果你没能解决问题，就像我的小舅子一样，这个后果只能由你自己承担，事情还有可能恶化到无法收拾的地步；

（2）如果你没有汇报，领导却发现了此事，你就成了"知情不报"的失信人；

（3）如果你解决了问题才汇报，领导也不会夸你，反而可能会质疑"这个问题为什么不及时向他汇报"？

2.2.3 如何巧妙地汇报"坏消息"

行为经济学家告诉我们：当面对好消息和坏消息的时候，传递消息的形式、频率、对象，都会直接改变接收消息的人的决策。

1. 巧用"心理隔断"，建立彼此信任

心理隔断是对人的大脑分为"情绪脑"和"理性脑"的非常形象的比喻。"情绪脑"是人的本能和情绪的自然反应。一个人听到坏消息时表现出的焦躁、不安和愤怒，就是"情绪脑"在发挥作用。"理性脑"善于处理富有逻辑的信息、数据和理论，是"情绪脑"之上的深层次的理解和分析。

所以，当有坏消息要进行汇报的时候，我们要努力让坏消息穿过领导的"情绪脑"直达"理性脑"，要试图让领导通过分析来理解这个坏消息背后的逻辑，和及时做汇报的原因，以求彼此建立信任。

具体应该怎么做？

（1）汇报要有准备，厘清思路。

既然是要汇报坏消息，那么领导肯定会有很多问题，所以汇报之前的信息收集和准备是非常有必要的。建议按照"SCQA 模型"来准备，详解如下：

"SCQA 模型"是一个"结构化表达"工具，是麦肯锡咨询顾问芭芭拉·明托提出的。

S（Situation）：情景——简明扼要地描述坏消息的背景；

C（Complication）：冲突——在带来坏消息的事件中，现实和原计划之间的冲突是什么；

Q（Question）：疑问——根据前面的冲突，从领导的角度提出他所关心的问题；

A（Answer）：回答——我采取了怎么样的行动（可能是失败的）或者未来的计划是什么。

（2）承认错误，安抚情绪。

首先你要控制自己的情绪，自己再委屈也不能跟领导硬扛；其次你要承认错误。领导听到坏消息，情绪上肯定是不开心的，这点毋庸置疑。你要做的就是安抚领导的情绪，不要因为彼此之间的情绪不和而让事情再次恶化。

2. 改变"坏消息"表达的方式

查理·芒格讲过一句话：讨厌是一种心理调节工具。我们要通过改变坏消息表达方式，尽可能找到既能解决问题又能保护自己的视角，从这个视角切入，来削弱坏消息的负面影响。

具体应该怎么做？

（1）改变表达的频率。

多个"坏消息"要一次性说完，"坏消息"表达的频次越低，对自己越有利。

不好的案例：

A："领导，今年上半年我们的市场占有率下跌了 10%。"

B："毛利率怎么样？竞争公司呢？"

A："毛利率也下降了 3%，竞争公司市场占有率上升了 5%。"

B："客单价呢？"

A："比起去年同期，客单价跌了 0.5 元。"

这种表达方式，坏消息的频次过高，领导心里肯定会越来越难受。

好的案例：

"领导,今年上半年我们的市场表现比较疲软,和今年台风频发有关;市场占有率下跌了 10%,竞争公司市场占有率上升了 5%,主要原因是客单价降了 0.5 元;我们最近的人力成本较高,毛利率下降了 3%,我计算了一下,都在可控范围之内。"

既然你有多个坏消息,索性一次性说完,降低表达的频次。

(2)改变表达的参照物。

这里运用到心理学中的"锚定效应"来进行讲解。

"锚定效应",又叫沉锚效应,是指在不确定的情境下,判断与决策的结果或目标值向初始信息或初始值,即"锚"的方向接近而产生估计偏差的现象。简单解释:做决策时,我们更容易受到初始信息或熟悉信息的影响,并不自觉地以它们作为参考。

当你准备汇报一个"坏消息"的时候,可以先用一个更坏的消息作为铺垫,也就是给被汇报人设定一个"锚",在其心里面形成一个阈值。

好的案例：

"领导,你还记得去年咱们新产品上线,由于各种问题导致客流转化率下降了 30% 吗?好在我们及时补救,用了不到一个月的时间,让转化率重新回到了市场平均水平。今年新产品上线,也存在一些同样的问题,客流转化率下降了 15%。目前,运营团队正在设计新的市场营销方案。"

前面讲到的下降了 30% 就是"锚",有了这个"锚"的铺垫,后面的下降了 15% 就显得不是那么严重了。

3. 行动结尾,传递希望

心理学家指出:在人面对坏消息的时候,如果产生消极的想法,就很容易产生焦虑、沮丧、愤怒等情绪,进而将这些负面情绪转嫁到别人身上。

无论你是汇报怎样的"坏消息",领导最终看到的还是你的解决方案。所以,要通过你的解决方案给领导传递希望。

具体应该怎么做?

(1)借助"好消息"制造惊喜点。

当汇报"坏消息"的时候,建议尝试寻找一些好消息,一并进行汇报,给领导制造一些惊喜点。这里运用到的是"近因效应"。

近因效应,由著名心理学家卢钦斯提出,指最近一次出现的刺激物所产生的印象会有更加强烈的心理效果。

好的案例:

假设你负责市场营销部,由于今年台风比较多,导致物流成本上升 10%。而通过努力,你们的市场占有率提高了 5%。

你可以这样说:"今年由于台风比较多,路况相对严峻,所以我们的物流成本上升了 10%,这个原因导致毛利率下降。但通过团队的一致努力,我们成功将业务延伸到多个省份,实现零的突破,市场占有率提高了 5%。"

前面是一个坏消息,后面是一个好消息,给领导制造惊喜点。

(2)给予翔实可行的行动方案。

没有行动方案的汇报都是空谈,汇报"坏消息"更是如此。

就像前面我的小舅子的案例,如果他在一开始就把自己心里的想法变成一纸方案,及时将"坏消息"汇报并做出弥补措施,相信结果也不会那么糟糕。

行动方案可以采用"5W2H 原则"：

Why：我为什么这么做？

What：我要做哪些事情？

When：什么时间做？什么时间汇报？

Who：除了我还有哪些人与此事相关？

Where：主要的风险点在哪里？

How：具体的行动方案有哪些？我计划怎么做？

How much：成本如何？需要什么资源？

其中，领导会比较在意 When 的部分，因为它需要一个具体的时间点来跟踪你的执行情况。

2.3　掌握三个模型，提高面试通过率

如果现在你是一名应聘者，那你所要面对的对象就是面试官。

如下五个问题，请根据第一感觉作答，如果符合，请在"□"中打"√"。

□ 在你心中，考虑过自己和面试官的关系吗？是对立？是同盟？

□ 你知道面试官的需求是什么吗？

□ 你知道面试官怎么思考应聘者吗？

□ 面试过程中，最不应犯错的地方在哪里？

□ 面试应答，有成型的方法论可以借鉴，你研究过吗？

想明白这五个问题，对应聘大有裨益。

首先,应聘者和面试官不是"敌对关系",两者在某种意义上有着同盟关系,因为两者都是为了建立企业和人才的连接。

如果你不知道面试官怎么思考,也不知道面试中的禁忌以及应对面试的方法论,请认真阅读本节下面的内容。

我做了 10 年 HR(人力资源),也做了 10 年面试,从基层工作者到高管、从研发到运营,面试过不少人。通过这 10 年做面试官的经验,结合自己参阅的大量人力资源、心理学、职业规划等方面的书籍,我总结了面试应聘的两大禁忌、三个法则,能帮助你更加顺利地拿到高薪 Offer(录取通知书)。

2.3.1 洞悉应聘的禁忌,避免进坑

1. 禁忌一:弄虚作假

弄虚作假是应聘的最大忌讳,因为可以映射出一个人不诚信的本性。

这 10 年当中,我见过弄虚作假的情况很多,总结起来有如下四种。

(1)学历弄虚作假。明明是专科学历,却不知从哪儿弄来了一个本科毕业证书,想让自己在学历上取得一些优势。

(2)履历弄虚作假。每个人都想有大公司的背书,于是有些人就起了歪心思,给自己杜撰一个虚假履历,说自己曾经在某知名公司工作过。

(3)时间弄虚作假。因为履历当中有几段工作时长较短,自己就偷偷删掉,保持前后较长的工作持续时间,以彰显自己的工作忠诚度。

(4)项目弄虚作假。明明一些项目自己只是参与者,但说成自

己是负责人,还杜撰出各种冠冕堂皇的项目经验。

如果你想在职场中不断提高自己的价值、拿到更高的薪资、走向更大的平台,切勿触碰这个雷区。

2. 禁忌二:心态不诚

面试官在面试过程中,除了考查应聘者的能力,还会特别在意其心态。

心态不诚,应聘者给面试官的印象就会很差,应聘者自己就堵死了自己的应聘通道。

常见的心态不诚的表现有如下三种。

(1)狡辩。在面试过程中,因为自己与面试官的观点不一样,就利用各种狡辩来维护自己的形象,坚持自己的观点是对的。适度的讨论也是可以的,但一旦进入狡辩状态,面试官很快就会将该应聘者列入黑名单。

(2)夸夸其谈。因为应聘者以往所就职的公司比较优秀,自己的项目经验比较丰富,于是就开始自吹自擂,感觉自己无所不能。面试官更关注的是应聘者的经验是否能够解决实际问题,并不需要应聘者把自己包装得像"花"一样。

(3)"要性"不足。什么是要性?应聘一家公司,就需要表现出对该家公司的认可和向往。我见过一个应聘者,当被问及"为什么想来我们公司"时,他说:"不是我想来的,是你们需要我。就是过来看看。"这种情况,不可能面试成功。

以上是常见的心态不诚的情况。

职场应聘,应聘者的能力固然重要,但其心态往往是应聘成功的先决条件。

2.3.2 掌握面试应聘模型，开启通往高薪 Offer 的大门

模型一:"总分总法则",让面试官瞬间抓住你的重点

什么是"总分总法则"?

《金字塔原理》一书中是这样解释的:"自上而下,任何事情都可以归纳出一个中心论点,而此中心论点可由三至七个论据支持;这些一级论据本身也可以是个论点,被二级的三至七个论据支持。如此延伸,状如金字塔。"

"总分总法则"最常用在面试问答环节,是非常重要的一个法则。

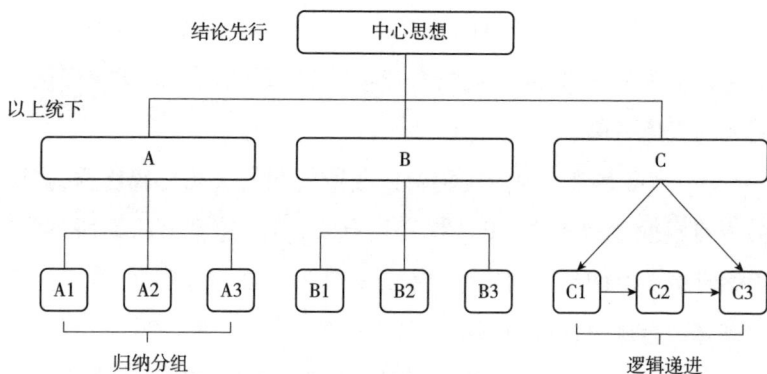

金字塔原理结构图

在应聘时应该如何做呢?

"总分总法则"可以概括为 16 个字:结论先行、以上统下、归纳分组、逻辑递进,下面分别进行解释。

(1)结论先行:第一句话先表达自己的观点,让对方第一时间掌握重点;

（2）以上统下：上一层都是下一层表达的凝练概括；

（3）归纳分组：属于同一逻辑范畴的内容，归纳在一起进行表达；

（4）逻辑递进：每一次要表达的内容之间具有递进的逻辑关系。

真实案例：

2018 年，我们公司的品牌部要招聘一名新媒体运营经理。在诸多面试候选人中，小彰和小李让我记忆深刻，因为他俩的回答截然相反。

问：请结合你多年新媒体运营的工作经验，谈谈你对新媒体运营的认知。

（不好的案例）小彰说："在过去的 5 年中，我参与了公司自媒体平台的搭建、公众号的运营、吸引粉丝等工作。在这些经验中，我感觉自媒体平台的搭建是最重要的，而我是这样做的……结合工作经验和我自己的总结，我感觉新媒体是这样的……"

（好的案例）小李说："新媒体运营，是通过互联网手段，通过利用移动资讯、移动社交等新兴媒体平台工具进行产品宣传、推广和营销的一系列运营手段。根据我的总结，我认为新媒体运营包括自媒体平台的搭建、公众号运营、粉丝运营等多种具体工作。其中，我认为自媒体平台的搭建是最重要的。我具体做过的项目有：1.……；2.……；3.……。我的心得有如下几点：……总结起来，……"

通过以上两人的回答，你是否有不一样的感觉？

小彰的回答一开始就陷入了细节中，听他说了很多，但我依然没有抓住他讲的重点；小李的回答，第一句话就概括了对"新媒体"的认知，后面接着展开自己的项目和总结。

小李的回答充分抓住面试官的需求,运用了"总分总法则",让自己的观点一目了然。

根据这个案例,我们可以总结一个"总分总法则"的回答模板:

当被问到"对××的认知""对××的理解""请概括一下你的工作"等问题的时候,可以这样回答:

第一部分,高度概括自己的观点,要提纲挈领,不要陷入细节;

第二部分,分条概括自己的认知,比如我的认知分三点、我的理解有三条、我的工作主要分为三部分;

第三部分,对第二部分的每一条展开描述,有数据的地方要讲数据,提高充实度;

第四部分,再次概括,比如"以上就是我对××的认知"。

模型二:"WHY 型思维"法则,让面试官看懂你思考的路径

"WHY 型思维"由美国作家西蒙·斯涅克提出。

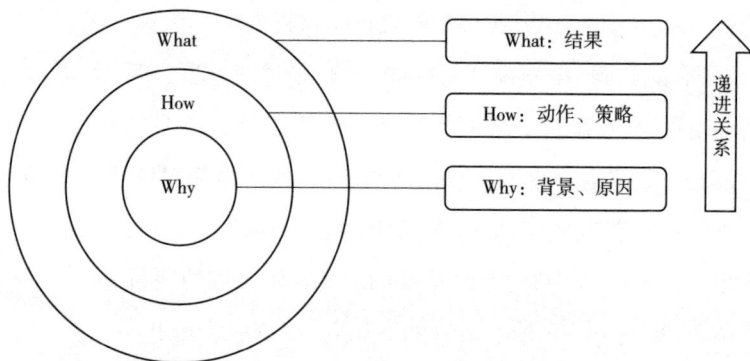

WHY 型思维

"WHY 型思维"的高明之处就是将 Why、How、What 形成一个可视的黄金圈,并将 Why 放置在最核心的位置,说明首要任务是搞

清楚原因,然后才是怎么做,最后才是展示最终的结果。

(1)让应聘者有更高的思维视角。

在回答中运用"WHY 型思维",可以让面试官充分了解应聘者对工作或项目的思考角度和高度,了解行为背后的背景。

(2)有效展示思考的前因后果。

在面试中,面试官会关注应聘者每一个重要的行为。结合"WHY 型思维",往前问可以了解行为的原因,往后问可以了解行为的目的。

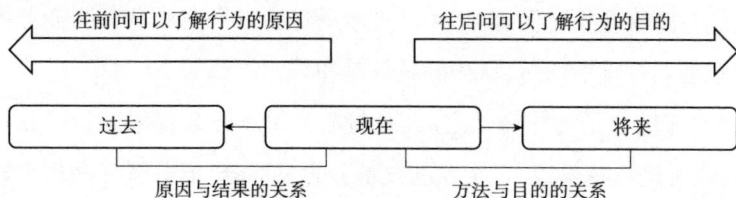

往前问可以了解行为的原因　　往后问可以了解行为的目的

| 过去 | 现在 | 将来 |

原因与结果的关系　　方法与目的的关系

展示思考的前因后果

<u>应聘者在面试时如何做?</u>

(1)描述 Why,展示自己做这个项目的背景、原因,告知面试官你做这件事的意义是什么。

(2)描述 How,展示自己的具体行为,即在这个项目中自己做了哪些工作,制定了哪些策略,有什么行为。

(3)描述 What,展示在这样的背景下,自己付诸行动之后有怎样的结果。

<u>真实案例:</u>

今年上半年,公司人力资源中心要招聘一名 HR,我作为面试官给应聘者做初试。

在了解某个应聘者的背景和履历后,我看到他以前做过很多与绩效管理相关的项目,于是我问道:"以前你做了很多与绩效管理相关的项目,简单分享一下吧。"

我的这个问题比较宽泛,并没有给应聘者限制要分享什么,完全要看他的思维逻辑。

应聘者是这样回答的:

"2016 年,我进入公司做 HR 管理的工作。在深入业务团队之后,我发现业务团队在绩效管理方面有三个痛点:第一个痛点是绩效管理理念不扎实,管理者不知道为什么要做绩效管理;第二个痛点是绩效管理没有实施'PDCA'的闭环;第三个痛点是一线业务团队对绩效管理不认可,认为绩效就是扣钱。

"在结合了这些痛点之后,我与业务团队、HR 部门进行广泛沟通,决定进行绩效改革,主要的改革分为三部分:第一部分是理念宣导;第二部分是制定绩效运营机制;第三部分是全员绩效宣导,形成绩效管理氛围。最后的结果,整个部门的绩效管理工作取得了非常好的效果,业绩得到了提升。"

整个案例就是非常完整的"WHY 型思维"的展示,有 Why(原因、背景)、有 How(动作、措施)、有 What(结果)。

根据以上案例,我总结了一个"WHY 型思维"的汇报模板:

第一部分,高度概括事件发生的原因和背景,让面试官有一种代入感;

第二部分,对该事件中你的行动、策略、措施进行分条描述,重要的内容放在前面;

第三部分,通过你的行动、策略、措施,概括最终取得了怎样的结果。

模型三:"STAR 法则",让面试官了解你的动作要点

"STAR 法则"是情境(Situation)、任务(Task)、行动(Action)、结果(Result)四项的缩写。"STAR 法则"是一种常常被面试官使用的工具,用来收集面试者与工作相关的具体信息和能力。比起传统的面试手法,"STAR 法则"可以更精确地预测面试者未来的工作表现。

分开解析:

S(Situation):事情是在什么情况下发生的?

T(Task):在这样的背景下,你的任务有哪些?

A(Action):针对任务分析,你采用了什么行动? 制定了哪些策略?

R(Result):结果怎样? 你学习到了什么?

简而言之,"STAR 法则"是一种讲故事的方式,也是一个清晰的、有条理的面试模板。

在应聘中,应聘者熟练地合理运用此法则,可以比较轻松地向面试官展示自己行为的背景,表现自己分析和阐述问题的清晰性、条理性和逻辑性。

应聘者在面试时如何做?

(1)描述"S",展示自己工作行为的具体背景、诉求,让面试官充分了解你的行为是在怎样的情况下发生的。具体来说,应聘者可以像讲故事一样,有时间、地点、人物等,这样的回答会让面试官的代入感更强烈。

(2)描述"T",展示自己的任务有哪些,比如要解决怎样的问题、实现怎样的目标、满足怎样的需求等。

(3)描述"A",展示自己在任务中采取了哪些行动。这一部分是整个"STAR 法则"的重点,因为面试官要看你行为的合理性和逻辑性,以此判断应聘者与岗位的契合度。

(4)描述"R",展示自己行为的结果,自己在这个过程中学习到了什么,有什么感悟。这一部分是整个"STAR 法则"的点睛之笔,通过这一部分,面试官可以看到应聘者的思考和复盘。

2018 年,我为公司组织文化部门招聘一名企业文化经理,看到她在履历中讲到自己为上一家公司搭建了文化荣誉体系,于是我问道:"在履历中,你提到自己成功搭建了企业文化荣誉体系,请展开讲一下。"

(不好的案例)应聘者是这样回答的:

"文化荣誉在企业中非常重要,所以根据公司的需求,我决定搭建企业文化荣誉体系。在人力资源总监的支持和辅导之下,通过三个月的努力,公司在荣誉体系机制建设、荣誉奖项设置、荣誉视觉设计等方面进行了升级完善,建立起更加符合公司属性的荣誉体系。"

当时,我听到她的讲述,感觉不太好。整体表达没有逻辑,缺乏背景介绍、任务澄清、行动计划。尽管最后讲到工作结果,但过于笼统。作为面试官,我看不出她在这个项目中的价值点,以及工作结果对于公司、业务、组织的影响。

(好的案例)按照"STAR 法则"可以这样回答:

S:我所在的公司是一个创业公司,对于创业公司,组织文化对于团队建设而言同样重要。而我发现公司在文化荣誉建设方面的投入特别少,体系搭建不健全,员工没有感知。

T:我作为公司组织文化部门的负责人,基于对公司荣誉文化工作现状的分析,明确主要任务有三个:一是要挖掘公司对文化荣誉的需求,找准痛点,定位到组织对荣誉文化最关键的需求点;二是要说服领导为文化荣誉背书,得到高层领导的认可。荣誉文化既是自下而上的荣誉文化建设,同时也需要自上而下的荣誉文化精神的影响,所以得到高层领导的认可非常重要;三是从问题和需求出发,构建符合公司业务属性的荣誉文化体系,包括荣誉体系机制建设、荣誉激励项目设置、荣誉视觉产品设计等。

A:根据我的任务和目标,我的主要动作有:第一,在和人力资源总监对齐目标后,我在员工群体中进行了大量的访谈和问卷调查,共收集到 540 份各层级员工对于荣誉文化工作的建议和意见。根据这些来自一线的数据和素材,我进行了现状分析、问题诊断和初步的荣誉文化体系构建;第二,拿着这些员工反映的资料和分析材料,我在公司高层会议上提出了《荣誉文化现状分析和构建思路分析报告》,向高层领导们全面呈现荣誉文化建设的必要性和可行性,进而很顺利地得到他们的认可;第三,建立专项小组,拟定项目推荐方案,从机制、激励奖项、视觉产品等方面推动落地,完成整体荣誉文化体系的建设。

R:通过 3 个月的努力,我们的文化荣誉体系搭建完毕,并在一个业务大区进行试点,员工在调整后的荣誉体系的激励下士气高涨,员工反馈,得到了前所未有的荣誉激励。

从上面按照"STAR"模型展开的回答可以看出,思路逻辑清晰,有理有据,更容易得到面试官的认可。

2.4　提出问题比解决问题更重要

优质提问具有强大的力量,能改变自己和周围人的人生轨迹,使它们朝着更好的方向发展。

——粟津恭一郎

粟津恭一郎是日本著名的高管培训师,他培训过的企业高管不下万人,行业更是涉及广泛。

人们渴望解决的问题也因人而异,没有一个人的理想是与别人完全相同的。但通过他的培训发现,越是成功的人,越善于向自己和别人抛出"优质提问",即具有精准提问力。正是提问的差距,将优秀的人和平庸的人区分开来。

我们也都渴望成功,渴望成为成功人士。随着我们职业发展的进步,愈发感觉到"精准提问"在职业发展、日常沟通中具有不可小觑的地位。

下面列举几个常见的场景,我们先来看一下:

□ 在日常沟通中,对于一项工作的安排,我们需要通过提问来获取更多的信息,但有时不知道该问什么。

□ 在应聘面试中,面试官询问应聘者是否有问题,应聘者明明心里有很多问题,可就是问不出来。

□ 参加会议或者作为评委,需要对别人的述职或讲话提问,很多时候我总是用"没有问题"来掩饰自己的心虚,因为不知道问什么。

上面这三个常见的场景，是很多职场人在工作中都会遇到的。这个时候，受限于"精准提问力"的不足，让自己显得很平庸，无法争取到自己的职场竞争优势。

是什么湮灭了我们的提问能力？是否有行之有效的方法快速提升？请跟我一起往下看。

2.4.1 哪些原因导致不善于提问

对很多职场人而言，提问可能并不难，但做到精准提问，或者是提出比较有质量的问题，还是有难度的。

你是否也有如下这样的经历：

☐ 这件事情自己明明听懂了，但问题总是问不到点上；

☐ 担心自己问的问题比较简单，会让别人觉得自己没有水平，索性就不提问了。

☐ 好像还有些紧张，脑子一片空白。

其实这三种经历很常见，但越是不发问，脑子就会变得越来越笨拙，思考速度就会越来越慢。

不善提问，主要原因有以下三方面：

1. 抓不住重点，不会提问

这个原因是最普遍的，也就是不懂提问的方法。

平时我会作为评委参加业务城市经理的述职会议，总会发现有几个城市经理从不提问，就好像这个会议和他们没有关系。于是会后我约他们聊天，问他们为什么不主动提问，他们给我的原因是"自己也听了，也听懂了，但就是不知道问什么"。

经过多年对身边朋友和同事的观察，我发现有一部分人在听的时候仅仅是在"听"，抓不住重点，更没有掌握提问的方法，不知道如何去提问。

2. 主观性太强，不屑提问

有的人总感觉某个内容太简单，认为自己已经理解了，无须再通过提问来获取更多消息，从而导致主观意识上不屑于提问。

记得在一个项目会场，其他同事在不断地通过提出各种问题来获取更多的信息，唯独有一个业务经理一言不发。总监发现了这个情况，于是就问他："你没有什么问题可问吗？"

业务经理直接说："这个项目很简单啊，没有什么可问的。"

但当这位经理被问到项目资源该如何整合时，他却表现得不知所措，一脸茫然，根本不知道该如何回答。

这种情况就是他的主观性太强，感觉什么都知道，而不屑于提问。

3. 错误地认为提问就是"技不如人"

这一类人自尊心太强，感觉自己提问就会显得很幼稚，能力比不上别人。这是一种非常错误的想法。

提问是日常工作中非常必要的一种沟通方式，通过提问我们可以交换信息，让整个工作的信息流形成闭环，让彼此的信息更加对称，而不是在这里比较能力的高下。

真正高段位的职场人，他们不怕"丢人"，也不怕"技不如人"，就怕自己因为没有提问缺失了信息，从而造成自己的工作失职。

所以，在任何工作场合，有需要提问的时候，一定要不卑不亢，从提问的过程和结果当中获取对自己有益的信息。

2.4.2　合理运用"7 个问题抽屉"，帮你快速提升精准提问的能力

作家刘润老师将 7 种精准提问类型形象地比作"抽屉"，就是我们现在要讲的"7 个问题抽屉"。当遇到一个话题要进行发问时，你可以选择将这些问题抽屉一一拉开，从中择取最合适的问题类型来进行提问。

我举一个自己在实际工作中的场景。

案例:2020 年 11 月，为应对更加复杂多变的市场环境，经公司高层决议将 A 业务和 B 业务进行组织融合，试图打造一个具备综合业务优势、经营闭环优势的新业务部门。新业务部门成立之初，人力资源部门决定着手试行"全员绩效管理"项目，促进团队管理建设，给团队管理者提供强有力的管理抓手，拉齐两个部门合并之后的业务目标，提高业务产能。

在召开的组织项目说明会上，如果你是参会人，你会如何提问呢?

抽屉 1:继续/中止性问题。比如:

·我们是否需要讨论这个问题?

·我们今天讨论"全员绩效管理"项目的目的是什么?

·今天讨论的重点是什么?

·两个部门刚刚融合完毕，现在进行绩效管理，时机是否恰当?

·在场的人是否都必须参加这个讨论?

·还有谁是这个项目的相关方，也需要参加到这个讨论当中来?

小结:这一类问题的提问，要从"今天我们是否有必要讨论这个

问题"展开,以获取目的、重点、相关人员等信息。

抽屉2:澄清性问题。比如:

·你的意思是什么?

·全员是什么意思?包括哪些群体?

·团队管理建设是什么意思?

·管理抓手是什么意思?以前有哪些管理抓手?以前的管理抓手有哪些问题?

·你的这个方案有和业务部门进行交互吗?

·如果交互了,得到的反馈有哪些?

·现在业务一线除了绩效管理以外,还有哪些管理需求?

小结:这一类问题的提问,要以"让对方充分澄清每一个概念"这个问题展开,避免自己对事项有模糊的地带。

抽屉3:假设性问题。

·你的前提假设是什么?

·你做这个"全员绩效管理"的项目,前提考虑的问题有哪些?

·是什么触发了你这样的考虑?

·你的这些考虑其实都是一种假设,你的这些假设得到验证了吗?你是如何验证的?

·在验证过程中,你遇到了怎样的难题?你是怎么克服的?

小结:做任何动作之前,负责人在心里都会有一定的假设,这个假设或得到了验证或未得到验证,我们需要通过提问将他的假设剥离出来,进行论证。这一类问题的提问,要以"对方做这件事情的背景、假设是什么"这个问题展开,充分挖掘对方的考虑点、假设点,并通过对方的解答来判断是否合理。

抽屉 4：质疑性问题。

·你怎么知道你的方案就是对的？

·现在的这些管理抓手的短缺，你是怎么知道的？从哪里知道的？

·你获取信息的渠道是否可信？

·是否有数据支持？你的数据来源有哪些？

·你为什么安排张三来负责该项目，而不是李四？

·针对这个项目，你的时间排期是怎么考虑的？

·你觉得这个时间能否妥善地将这个项目落地？

·你有没有考虑成本问题？

小结：这一类问题的提问，要从"对支持性数据、案例、信息、人事安排、时间管理、成本控制"等方面进行质疑，通过对方的反馈来看论据是否充分。

抽屉 5：缘由性问题。

·是什么原因导致这个结果？

·你感觉目前管理抓手短缺的原因是什么？

·目前全绩效管理落地效果不好，是由什么原因引发的？

·你的这个项目让业务人员容易接受的内在驱动因素是什么？

·如果业务人员不容易接受，你感觉是哪些抑制因素在起阻碍作用？

·你的这个项目整体的运营机制是什么？

·你感觉这个项目如果落地顺利，会发生什么？

·你所考虑的这些因素是起因，还是仅仅是一部分因素？

小结：这一类问题的提问，要关注"对方要做这件事的起因"，在事项案例中挖掘每一个结果背后的原因,通过对方的理解校验原因真伪。

抽屉 6:影响性问题。

· 会带来什么影响?

· 你认为项目落地之后会有怎样的结果?

· 你对这个结果的判断是依据短期计划、中期计划还是长期计划?

· 你认为最好的情形是什么?

· 你认为最坏的情形是什么?

· 这个项目落地的大概结果是什么?

· 可能会存在哪些意外的结果?

· 这些结果是积极的,还是消极的?

小结:这一类问题的提问,要关注"对方要做这件事的后果",包括结果、影响、结论,以及不同的计划周期,或是带来的不同影响。

抽屉 7:行动性问题。

· 未来要采取怎样的行动?

· 你觉得当下最应该做的动作是什么?

· 如果出现意外风险,该如何应对?

· 现在的相关项目人员都有哪些? 他们是怎么分工的?

· 这个项目你打算什么时间完成?

· 阶段性复盘准备安排在什么时间?

· 你需要哪些资源?

· 你打算多久向我汇报一次?

小结:这一类问题的提问,要关注"对方后续的行动计划",包括具体的人员安排、时间安排、"PDCA"、汇报节奏等。

2.4.3　提问是个技术活，要多练多用，熟能生巧

粟津恭一郎在他的作品中曾经提到，"你的提问，有可能让困扰于某个问题的人恍然大悟，从此走向光明的未来。"

那些被称赞优秀的人，之所以能够取得骄人的成绩，和他们在职场当中的精准提问能力是分不开的。

- ·通过提问，他们总是能够抓住事项的要点；
- ·通过提问，他们彰显了对这件事情节奏的高效把控；
- ·通过提问，他们表现出了良好的职业素养。

提出问题比解决问题更重要，因为这是解决问题的第一步。如果连提出问题的勇气和方法都没有，那又能用什么来证明你解决问题的能力更卓越呢？

我们要摒弃错误的提问观念，要敢于提问，因为提问是一个"技术活"，真的可以熟能生巧。

当你遇到一件事，不知怎么去做的时候，请想一想"7 个问题抽屉"就摆在你的面前，随手拉开一个抽屉，里面放着的都是满满的优质问题，选择最合适的问题勇敢地去提问。通过提问，你会成为更加优秀的自己。

2.5　好消息、坏消息，先讲哪一个

之前我出差去南京，当我问城市经理关于文化项目落地的情况时，他故作神秘地说："有一个好消息和一个坏消息，你先听哪一

个?"我几乎没有思考,直接就说"先听坏消息"。

看到我的这个经历,你是不是曾几何时也有这样的体验?

当你正焦急地等待消息反馈时,朋友问道:"有一个好消息和一个坏消息,你先听哪一个?"通常情况下,大部分人会直接选择先听坏消息。为什么会有这样的选择? 其实这种选择法是个人心理的体现,是"损失规避原理"和"近因效应"在起作用。

2.5.1 "损失规避"和"近因效应",你不得不知道的沟通策略的小秘密

1."损失规避"让你下意识地选择"先听坏消息"

"损失规避"是指人们同时面对数量相等的收益和损失时,大多数人都认为损失更大。

路骋老师在《用得上的商学课》中,对"损失规避"进行了高度概括:"损失规避就是同样一件东西,失去它的痛苦要大于得到它的快乐。"

比如,在工作中,你因最近表现优异,领导给予你 500 元的现金奖励——得到 500 元,你会开心一整天;反过来,因为某项工作没做到位,领导让你上交了 500 元罚款——损失 500 元,你会郁闷一星期。

在人们的意识里,"坏消息"的负面影响要远远大于"好消息"的正面影响。所以,你选择了先听"坏消息",后听"好消息"。

2."近因效应"让你选择"后听好消息"

"近因效应"是由著名心理学家 A·卢琴斯提出的,是指最近一次出现的刺激物所产生的印象会产生更加强烈的心理效果。

例如,某一次会议上,领导先对你进行批评,又进行了辅导,最

后给予了鼓励。在会议结束的时候,你整个人都是兴奋和幸福的,因为最后的鼓励让你印象最深刻。

而反过来,如果领导先对你进行辅导,又进行了鼓励,最后会议结束前对你进行了批评,想必会议结束后的一个下午,你的状态都是沮丧的,因为"近因效应"让你还沉浸在被批评的印象中。

基于"近因效应",人们会选择后听"好消息",因为"好消息"的印象可以冲淡前面"坏消息"的消极影响。这就是"好消息和坏消息,先听哪一个"背后的秘密。

我们在实际生活和工作中该如何处理"好消息"与"坏消息"的表达顺序呢?有没有实际可行的沟通策略和技巧呢?

2.5.2 巧用"快乐痛苦合并拆分原理",让你的沟通更有成效

"快乐痛苦合并拆分原理"其实是一种沟通技巧,要么将好消息和坏消息一起讲,要么分开来讲。基于前面提到的"损失规避"和"近因效应"的个人心理因素,具体有以下四个沟通策略。

1. 多个坏消息,要一起讲

比如你最近在做一个激励项目,进度、预算、效果等各个方面都有一些问题。当被领导问及时,可能会发生如下场景:

A:"最近这个项目进度怎么样啊?"

B:"进度上有一些问题,市场部东南大区在落地执行中遇到了一些问题,迟迟执行不下去。"

A:"那预算方面呢?"

B:"预算超标了。"

A:"员工反馈如何?"

B："这次激励项目时间紧、任务重，员工反馈一般。"

估计沟通到这里，领导就已经控制不住情绪，感觉你这个项目全是问题。

正确的沟通策略是：

"领导，目前这个激励项目由于时间紧、任务重，在落地过程中东南大区遇到一些困难，预算有些超标，员工目前的反馈也一般。这些都是短期现状，我们团队在制定方案努力改进。"

既然有多个"坏消息"要说，索性一口气全说完，这样可以有效减少对方的痛苦。

2. 多个好消息，要分开讲

好消息，分开讲，让激励和幸福感更持久。

常言道："人逢喜事精神爽。"如果这个喜事接二连三，岂不是会更"爽"。我朋友小明就经历过这样一件事：

一次，领导找小明谈年度调薪的事，就是充分运用了这个策略。

领导把小明叫到办公室，很神秘地对他说："考虑到你最近的工作成绩不错，公司决定给你涨薪。"一听到要涨工资，小明自然很开心。领导接着说："说说你的期望值。"

小明说："按照公司标准来吧，我感觉涨 8% 就很不错了。"

领导说："猜得差不多。"

听到这话时，估计小明是有点儿小失落的，因为回答 8% 肯定是保守预期。但领导接着说："比 8% 高一些，公司给你涨了 12%。"

小明当时真心难以掩饰自己的愉悦："真的吗？感谢领导认可，12% 完全超出了我的预期！谢谢领导！"

领导说："不用谢我，是你平时工作表现好，工作投入度高的结果。行了,你先回去吧,好好干活。"

"好的。"

当小明刚走到门口的时候,领导又叫住他,说:"对了,公司还给了你 20 万的期权,作为长期激励。"

小明听完后,开心到要"飞"起来了。

如上文领导的说话技巧,每一个好消息的告知,都是一个开心的引爆点。

3. 刺激程度大的坏消息和刺激程度小的好消息,要分开讲

在刺激程度大的坏消息和刺激程度小的好消息同时出现时,要分开讲,依然遵守"损失规避"和"近因效应"——先讲坏消息,再讲好消息。

比如你负责的市场营销部由于夏季雨季来临,销售成本大幅提升,导致利润率降低了 10%,而通过努力,市场占有率提高了 2%。

介于上述这种情况,在你和领导沟通时,应怎么说呢? 不妨试试这样说:

"领导,由于雨季来临,我们的销售成本大幅增加,在销售额没有增加的情况下,利润率降低了 10%,我负主要责任。我们正在积极地改进营销方案,争取将成本降下来。同时,由于团队高强度的投入,以及最近在调整市场策略后,我们的市场占有率提高了 2%。虽然不多,但从长远来看,等雨季结束,我们的优势会更加明显。"

先讲坏消息,让领导心里有底;再讲好消息,用"近因效应"来冲淡痛苦,加之给予领导对未来的展望,沟通起来就容易得多。

4. 刺激程度大的好消息和刺激程度小的坏消息要一起讲

当你感知好消息的影响比坏消息的影响要大很多时,所有消息

要一起讲。若分开讲,则刺激程度小的坏消息也会影响领导的心情。

比如,你同时在跟进两个项目,在 A 项目上你赚了 2 000 万元,而 B 项目不幸亏损了 1 200 万元。你要向总经理汇报两个项目的盈亏情况,该如何讲呢?

(1)错误的沟通策略——分开讲。

总经理问:"说一下吧,这两个项目的盈利情况如何?"

你:"A 项目比较顺利,盈利 2 000 万元。"

总经理问:"B 项目呢?"

你:"亏了 1 200 万元。"

这时,估计总经理就要开始追问为何 B 项目亏损如此巨大,前面建立的好心情也会受到影响。

(2)正确的沟通策略——一起讲。

你:"总经理,我简单汇报一下 A、B 两个项目的盈亏情况。这一年我负责的 A、B 两个项目,B 项目亏损 1 200 万元,A 项目大赚 2 000 万元,综合起来我们净盈利 800 万元,较去年盈利上涨 5%。"

总经理:"还不错,在 B 项目上继续扩大竞争优势,A 项目也要多做复盘,找到破局的方案。"

通过以上两种不同的表达方式,最终得到不同的结果,这就是表达的魅力。

一起讲刺激程度大的好消息和刺激程度小的坏消息,用好消息的愉悦充分掩盖坏消息的瑕疵。

总结一下,就是:

①对于多个坏消息,要一起讲,减少对方的痛苦感;

②对于多个好消息,要分开讲,让激励、幸福更持久;

③对于刺激程度大的坏消息和刺激程度小的好消息,要分开讲,先讲坏消息,再讲好消息,用"近因效应"来冲淡痛苦;

④刺激程度大的好消息和刺激程度小的坏消息,要一起讲,用好消息的愉悦充分掩盖坏消息的瑕疵。

第3章
向上管理方法论

3.1 如何做到"靠谱"，赢得职场转机

　　端午节假期期间,在广告公司做销售的表弟打来电话,跟我一顿唠叨,说一个已经谈好合作的商家忽然不守信用,合同不签,电话也不接。

　　在电话里,他跟我一通抱怨,说这个客户不靠谱,自己这半年在客户培养上的投入白白打了水漂,关键是他已经拍着胸脯跟领导保证这个月一定拿下这个单子。他问我该如何向领导汇报这件事,免得给领导留下自己不靠谱的印象。

　　我问他:"你知道这个客户忽然不守信用的原因是什么吗?"

　　他说:"我不太清楚,太突然了,完全出乎我的意料。"

　　我又问他:"对于这种突发情况,你是否已经有大致的解决方案?"

　　他说:"没有啊,我这个月就靠这个客户了,这么一弄,我一时之间不知该怎么办了。"

　　我再次问他:"当发生这种情况的时候,你是否跟你的领导第一

时间取得联系,说明情况?"

他说:"没有,我有点儿不知所措。"

连问三个问题,他给我的答复是"没有""不知道""不知道怎么办"。我直接跟他说:"如果你以今天这种状态和想法去向你的领导汇报,那不靠谱的标签肯定会属于你。"

表弟有点儿慌张,忙问:"那该怎么办呢?"

我说:"我建议你明天向领导汇报这件事前,先想办法通过这家公司的其他业务负责人打探一下客户不打算签约的原因是什么,然后有一个自己本月的销售计划。不要让领导在问起来时,你却一问三不知。一问三不知,我很难感觉你靠谱。"

我和表弟的这番对话,在工作中经常发生。遇到这样的情况,先不要着急去"怪罪"客户不靠谱,要先审视自己的一些动作和未来的准备是否靠谱。

3.1.1　优秀的人办事很靠谱,领导很放心

乔布斯说,优秀的员工,只要你告诉他要做什么事,想要什么效果,他就会想办法完成。越是出色的人,越善于在条件不足的情况下把事情做好,而越是平庸的人越喜欢找借口。

上面这句话的言外之意,就是这个员工做事很靠谱,领导把事情交给他很放心。

我进入职场也有十余载,做管理也有好几年,见得人多了就愈发感知到:越优秀的员工,办事就越靠谱。

以前我有个同事叫小壮,当时我在那家公司工作的时候,他还只是一个行政助理,我感觉他就是非常优秀、非常靠谱的人。

那一年,公司项目多,人手紧张,公司就把组织一个校企合作晚宴的工作交给了他。他作为行政助理,第一次组织高规格的晚宴,未免有些紧张。与此同时,还有很多好事之人等着看他的笑话。

最后,那场晚宴的效果很好,给来访的院校领导留下了一个很深刻、很美好的印象。

没过多久,我离开了那家公司。在一次会议上,我遇到了小壮的领导,便和他聊起这件事。领导对小壮的评价很中肯:"虽然小壮年纪尚轻、阅历尚浅,但只要安排给他的事情,讲明白了要求和要达到的效果,他总是能办得很妥帖。晚宴的工作从策划到实施,总共有一个多月时间,虽然参加晚宴的人员只有 10 人,但林林总总涉及的人员有 50 多人。小壮在忙自己日常工作的同时,不错地完成了这项任务。这人很优秀,很靠谱。"

听了领导对小壮的点评,我只记住了最后六个字:"很优秀,很靠谱。"前面那一段话都是这点认可的论据。

仔细想一想,每一个领导都希望自己有一个靠谱的下属,把任务吩咐下去之后,就不用老是费心去跟进。每到一个阶段,自己就能收到反馈;每到一个重要的节点,都会有一个汇报。

反观之,如果你一次次把事情搞砸,或者任务安排下去之后就如石沉大海,领导不问就不知道进度,别人就会对你失去信任感,认为你不行、不靠谱。慢慢地,你就掉队了,甚至被淘汰出局。

职场中,一直处于正向发展的人永远是那些一直做事的人,并且越优秀的人越努力,办事也越靠谱。

3.1.2　如何成为一个靠谱的人

在跟很多人聊天时,他们普遍认为让自己最焦虑的有两件事:

一是职场"瓶颈"期,二是领导不信任。

对于职场"瓶颈"期,每个人遇到的时间节点不同,甚至有些人都没有"瓶颈"期,一直处于高速发展态势。而领导对自己的不信任,无论是职场新人还是职场老人,都会遇到且都不愿遇到。

现在的职场,人与人之间的信任感不易建立,即使你看上去成熟稳重,能赢得领导的信任也并不容易。

就像我的同事小壮,在他漂亮地完成一件任务前,他的领导对他也是持观望态度,谈不上十足的信任,只是让他先试试看。

正是因为这样,我们愈加发现,做一个让人感觉靠谱的人,是赢得别人信任的关键因素。那么,如何成为一个靠谱的人呢?

1. 事事有回音,给人一种确定感

做管理,最大的不安全感来自于下属的"不确定性",比如下达的任务没有反馈,根本不知道进度如何;发送的信息石沉大海,无从了解下属是否收到;任务方案策划得不知怎么样,下属是否有思路,思路是否对;等等。

这些问题每天都会萦绕在管理者脑中。不是每一个管理者都是"甩手掌柜",他们要为团队负责,要为公司负责。

你,是不是让领导没有安全感的一员呢?

给领导安全感,来自你的确定性,事事有回音,我们要做到:

(1)接到任务后,须第一时间进行反馈。

这个动作其实很简单,就是在团队群里看到任务信息后,回复一个"收到",或者简单陈述一下目前的状态,比如"在信息整理中,稍后面对面/电话反馈"。

有时直接回复一个"1",虽然看上去没有什么具体意义,但对于你的领导而言,他看到的是一个确定的信息,他就会对你放心。

(2)突发事件发生时,第一时间上报。

客户突然不考虑签约了、大领导突然到访、项目推进期间遇到了重大策略变动等,这些都可以理解为突发事件。

在类似事件发生时,一定不要捂着不说。最好的办法就是在第一时间了解事件背景和进度,简单整理成文字材料发给领导,同时通过打电话的方式给领导再次汇报。

为什么要既发文字材料又打电话呢?

因为领导也有其他事情需要处理,这个时候打电话进行汇报,说明你足够重视、反馈及时;发文字材料以方便领导在接到电话汇报后引起重视并进行详细查看,为作出及时判断作依据。

(3)当你在忙的时候,请如实告知,不要拖延。

在日常工作中,我们都会有这样的经历:领导打来电话时自己正在开车,或者领导安排一项任务时自己正在处理另一件事。很多人会下意识地回复:收到,马上处理。但你真的能马上处理吗?根据我的经验,是不一定的。

这时候最好的回复是如实告知你在忙其他事情,让领导心里明确你的时间安排,方便他进行工作安排和人员调整。

可以参考如下的回复:

"任务安排已收到。接下来的一个小时,我要处理×××事情,等处理完了,我跟您通电话详聊。"

"已收到,在开车,等到了服务区,我马上处理这件事。"

"安排已收到,只是目前我的工作量较大,为了更快地推进工作,您是否可以考虑团队其他成员,方便跟您电话沟通吗?"

把自己的真实情况告诉领导,让他感觉到你的确定性,而不是盲目接下后却处理不了。

2. 工作有态度,让人感到你很用心

答应别人的事情,就一定要完成,无论是加班还是熬夜;许下的承诺,就一定要兑现,否则你就不要轻易许诺。

说好的"不迟到、不早退",就一定要遵守规则。

这些都不是小事,而是一个职场人本应该具备的职业素养。一个被普遍认为靠谱的人,他的信任感是从这一件件事情中不断累积起来的;而一个不靠谱的人,也是在这些事情中逐渐消减了别人对他的信用度。

怎么让人感觉工作有态度?

(1)接到任务不要忙于执行,要认真构思,找领导沟通方案。

很多职场人,也包括曾经的我,一接到任务安排就马上去执行,希望尽快拿到结果来证明自己的职场价值。

但回过头来想想,除了一些简单执行的工作能够有结果以外,其他相对较复杂的任务在着急忙慌的执行中,总会反反复复地找领导确认方案和思路。

基于这样的自我认知,那我们就先进行任务思考,拿着自己的思路和领导沟通,以校正自己的思路是否正确。

我常用的方式是:在一张 A4 纸上,快速地将我的任务的落地思路和策略框架写下来,然后找一个安静的会议室与领导详细沟通,讲一下自己的思路和策略,让领导帮我校正一下。

看似一个简单的动作,但每次领导对于给我安排的任务都很放心。

（2）做事过程高标准、严要求。

有人会说："结果很重要，领导不在意过程。"但我想说：运用好过程管理，可以有效传递你的靠谱和用心。

高标准、严要求，说明你在任务过程中始终坚持不断超越期望的原则，这一点对于职场是非常有价值的。

还是举前同事小壮的例子，他在组织晚宴的过程中，会根据到访客人的家乡风俗精心布置晚宴的研究，甚至在晚宴结束时，还会上一盘当地特色的水果和点心，增强客户的尊贵感。

这些细微的动作，都是高标准、严要求，也正因如此，小壮的用心得到了来访客人和公司的共同认可。

3. 做事有闭环，展示你的系统性思维

从一个人做事是否有闭环，也可以看出他是否靠谱。

比如基于一项工作组织团队开会，会后大家各奔东西，没有会议纪要和后续工作安排，这样的会议有意义吗？甚至一个项目推进了半年，最后不了了之，好像没有发生过一样，这是领导忘了问吗？

其实，这都是做事没有闭环的后果。如何做事有闭环，关键有以下两点。

（1）培养闭环思维。

闭环思维就是凡事有了开头方案策划、过程管理之后，必须要有结果总结的思维。这种思维的养成，对于职场人而言就意味着凡事都要有始有终。

比如我们制定一项考勤规则，如果只是说明了早上几点前未到岗就算是迟到，那只能算是考勤说明。基于闭环思维，在进行考勤说明之后，要明确如果出现了考勤不合格的情况该如何处理，是扣

全勤奖,还是"乐捐"(捐款)等。这就是管理上的闭环。

培养闭环思维的方式,就是多问几个"如果×××,我该怎么办?"

比如上面考勤规则的例子:"如果有人迟到了,我该怎么办?""如果有人迟到了不愿意被扣全勤奖,我该怎么办?""如果大部分人都违反了这个制度,我该怎么办?"

问多了,你的闭环思维就培养起来了。

(2)强化结果产出。

结果产出是工作良性循环的开始,会促进工作持续地往积极的方向发展。

当我们组织一个项目启动会,会后就一定要有项目分工安排和里程碑节点的甘特图。如果没有这些产出,这个会议就等于没开。

需要强化的结果产出有:开完会一定要有会议纪要和后续安排,任务过程一定要有阶段性汇报,任务完成后一定要有复盘总结。

通过每个阶段性的结果输出和每一个最终结果的复盘总结,不断地强化你的用心和靠谱,这样领导对你的信任感就会越来越强。

无论你是诚惶诚恐的职场小白,还是早已在职场摸爬滚打数年的职场老人,得到领导的信任都是至关重要的。这不仅关系到自己职业自信心的树立,更关系到自己职业生涯的发展。

如果你还在为感到领导不信任自己而焦虑,那就应该给自己敲响警钟了,用你靠谱的职业素养来证明自己的价值,方能赢得领导的认可。

文中讲到的"事事有回音、工作有态度、做事有闭环"这三招,每一条看似很简单,但很多职场人做不到。如果你想快速赢得职场转机,请抓紧开始规划吧!

3.2 从容应对突发事件，消除职场恐惧感

麦肯锡公司是世界级领先的全球管理咨询公司，有一天当麦肯锡的咨询顾问结束了一天的忙碌，走进电梯，准备离开对方公司的时候，恰巧在电梯里遇到了这家公司的总裁。

总裁问："能不能说一下现在咨询项目的结果？"

咨询顾问一时手足无措，显然对这种突发事件没有做任何提前准备工作。从他们所在的 30 楼到 1 楼，大约需要 30 秒，这位咨询顾问并没有在这短短的 30 秒内将结果讲清楚。正是因为这一原因，麦肯锡失去了这个极其重要的客户，也给公司造成了巨大的损失。这就是在企业界广为流传的"麦肯锡电梯事件"。

3.2.1 这种突发事件，不止麦肯锡会遇到，你也会

虽然麦肯锡离我们很远，但领导却离我们很近。今年上半年，我牵头了一个重要的组织融合项目，该项目关系着两个业务部门共同的发展、组织架构调整的合理性，以及团队的平稳过渡。

一天下午，我去楼下食堂吃饭，当电梯门打开的时候，事业部的高级总监在电梯里，出于礼貌，我向其问好，然后站在他的身边不再说话。

毕竟是事业部的高管，气场还是很大的，在一旁的我也不知道说些什么好。

忽然，高级总监问我："听说你在牵头这次的组织融合项目，目前的结果怎么样了？"

虽然项目总结也做了不少,但突然让我在电梯里用三言两语高度概括目前的结果,我竟然一时无法表达。当时我只是把目前的进度和阶段性的结果说了一下,但令人尴尬的是,说到一半时电梯门就打开了,总监就要离开了。我追着出去说不是,不出去说也不是,一时进退两难。

总监可能也意识到了我的为难,说了一句:"高度概括的能力还需要加强,等下次项目总结会,我一定过去听听。"说完就离开了。

尽管如释重负,但这件事情对我影响特别大,当时的语塞、大脑的空白、无法从容应对突发事件的焦躁,让我至今记忆深刻。

职场不就是这样吗?你永远无法预料什么时间就在电梯里遇到你的领导,无法预料他会提出什么样的问题。尽管电梯事件只是一类代表,但这种突发事件确实让绝大多数的职场人都感到有压力。

3.2.2 突发事件来临时,我们为何会感到有压力

职场中,简单重复、按部就班的工作并不会给我们造成太大的困扰,往往是这些看起来无法控制的突发事件有可能会成为我们职业发展的阻碍。

什么是突发事件?

突发事件是指在我们的工作和生活中突然发生的需要紧急应对和处理的事情。这些突发事件可能和你的工作关系密切,又可能毫无关系,但它们都具有高度紧急性,需要你立马作出决策并采取行动。

比如,你正在伏案撰写项目文档,领导突然让你去参加一个临

时会议;你正在开会,但客户忽然到访,或者领导通知你马上出差。这些会打断你原本节奏的事情,都属于突发事件。

1. 在工作中对突发事件的"恐惧"类型

(1)对发起突发事件的对方感到恐惧。

比如在电梯里,领导忽然问起目前的项目结果,如果项目进展顺利还好,如果不顺利,你会"惊"出一身汗,不知道该如何回答。但如果换作是你的同事或者朋友,他们问及同样的话题,你就不会恐惧。原因就在于,你恐惧的不是问题本身,而是恐惧突发事件的发起人。

(2)对突发事件的过程(时间、地点)的不确定性感到恐惧。

在电梯里遇到领导、在食堂遇到总监,甚至在卫生间遇到领导等情况,这些都是平时会发生的,但你无法预测。正是因为这种不确定性,你会感觉突发事件毫无规律可言,自己无法掌控,所以会对突发事件产生恐惧。

(3)对突发事件的结果感到恐惧。

回到一开始我在电梯里遇到高级总监的故事,就是因为我对结果感到恐惧,担心因为回答得不好,领导直接不让我负责这个项目了,或者会给领导留下不好的印象等。对于负面结果的担心,也会导致我们对突发事件产生恐惧。

作家北野健一在《麦肯锡思维与工作法》一书中写道:"因为人受到直觉的控制,因而人在思考的过程中,立足点总是以自我为中心,但这种以自我为中心的思维模式,往往会让思考过程陷入主观当中,有意无意地忽略掉很多客观的东西,进而导致思考走向错误的方向。"

3.2.3 如何应对突发事件？ 掌握实用技巧，帮你变得从容、坦然、不再恐惧

技巧一：永远不要心存侥幸

电影《无间道》中有一句台词："出来混，早晚是要还的。"以前看来只是一句台词，工作之后才发现这句话绝对是真理。不要心存侥幸心理，靠一时运气过关。

(1)强化"最坏结果思维"。

什么是"最坏结果思维"？

人们常说："要有最坏的打算。"通过最糟糕的结果反复鞭策自己的思维，就是"最坏结果思维"。

比如，我在 2010 年刚进入职场的时候，总是把公司企业文化口号背得牢牢的，同事问我："你为什么要把企业使命、愿景、价值观的口号背得这么熟练？"

我说："因为我设想了最坏的一种结果，假设我遇到领导，他忽然问我公司的企业文化是什么。如果我没有回答上来，就可能会失去这份工作。"

我的这种思考，就是基于"最坏结果思维"的思考。虽然领导也不会因为这个就开除我，但我不会心存侥幸。

(2)不要高估自己。

德国文艺批判家莱辛曾说过一句话："我们的骄傲多半是基于我们的无知！"在职场中，我们会犯错，也往往因为自己的无知，高估了自己的能力，让自己心存侥幸。

怎么客观地完成自我评估？

多分析:基于目前的工作职责,多分析自己能力和职责之间的 GAP(差距),看清自己的分量;

多总结:每次做完项目,多去总结自己的得失,明确自己的短板和长处,对自己心中有数;

多对比:和身边优秀的同事对比,看到他们身上的亮点,同时也看到自己的不足,找到标杆。

就如我目前的工作,在每个季度的述职中,领导都会要求我们做自我复盘,找出自己的长处和短板,并且说出自己的标杆是谁以及为什么以他为标杆,有了这个标杆后做了哪些学习的动作。这一套问题下来,我们就基本没了丝毫的侥幸心理。

技巧二:对突发事件提前演练

尽管有些突发事件是完全无法预知的,但我们可以提前布局和演练对突发事件结果的处理方法,以提升我们从容应对的能力。

比如电梯事件发生后,麦肯锡公司积极复盘,总结出如何在最短时间内把结果表达清楚的方法,也就是著名的"麦肯锡30秒电梯理论"。麦肯锡要求自己的员工凡事要在30秒以内将事情结果表达清楚,直奔主题,直奔结果。

对于这种直奔主题的表达方式,又可以概括为"结论—论点—论据—总结"。

结论:就是一件事情的结果;

论点:可以理解为得出这个结论的动作要点;

论据:是支撑论点的依据,比如有价值的案例;

总结:是对于该事情结果的再一次高度概括。

(提示:论点和论据部分,如果内容较多,一定要进行归纳,逐条写,比如①……;②……;③……)。

具体而言,如何对突发事件进行提前演练呢?

(1)明白突发事件和工作有必然联系,多进行自我提问,发现"突发点"。

工作中,所有发生的突发事件都和我们的工作有必然的联系,通过自问自答,反复推敲可能存在的"突发点"。

比如,

自我提问 A:我们做项目的目标是什么?

自我回答:是要完成项目,拿到好的结果。于是领导随时会问起项目的进度和结果。

自我提问 B:我牵头做组织融合的项目,最可能出现风险的地方在哪里?

自我回答:在团队融合的平稳过渡上。于是领导可能会问起团队的安置情况和目前的风险。

(2)自我限时,按照"结论—论点—论据—总结"进行概括表达。

自我限时的目的在于让我们回归相对真实的场景,强迫自己进行高效的总结和表达。

假设我在做业务部门"夏季战役"的激励赛,如果突然被问及结果,我会做出以下这般回答。

(结论)目前"夏季战役"激励赛的活动已经全员启动,主要核心干部均已下一线督战,业务市场占有率已提高 5 个百分点。

(论点)能有这些成果,主要有以下三点原因:

A:激励赛方案前期制定得相对完善,业务语言便于理解;

B：核心干部大力支持，全员启动，方案贯彻人心；

C：关键岗位人员高效执行。

(论据)在具体的执行过程中，我们看到：

A：方案反复修订了多次，力求业务员工一次性理解；

B：管理干部在业务前线督战时，也不忘反复进行方案的再次宣导；

C："战役文化"也跟进得很到位，建立了"战役文化"专属品牌，业务伙伴喜闻乐见。

(总结)总的来说，目前结果已经显现，将士气势如虹。

(提示：这一套表达尽量控制在 1 分钟以内，且展开时尽量不要超过三条。)

技巧三：学会提问，自己掌握主动权

突发事件发生时，我们往往都处于被动的状态，学会发问，可以让我们自己掌握主动权。

《孙子兵法》中说："谁能掌握主动权，谁就能主宰整个战场。"对于职场，道理亦然。

怎样提问才能掌握主动权，更好地应对突发事件？

(1)基于对方"最渴望得到的东西"。

比如上面这个夏季激励赛的项目，领导最渴望的结果是市场占有率大幅提升。于是，我可以在回答了一些结果后，主动发问："领导，您觉得在提高市场占有率方面，我们还可以做些什么？"

领导必然会给出建议，这样我们就掌握了对话的主动权。

(2)基于对方"最担心发生的事情"。

工作中总会有风险点，抓住风险点中最关键的点进行发问。比如组织融合项目中,领导最担心的就是团队不稳、人才流失。于是,我可以主动发问:"领导,目前我们的团队稳定性良好,您还有其他什么嘱咐吗?"

(3)平时勤发问,最后少"进坑"。

平时在工作中,基于第一点和第二点,多主动与领导沟通,主动出击。在得到领导的反馈后,进行自我总结和复盘,提升自己项目的品质。

3.3　参透成本公式,快速赢得领导认可

上周同事聚餐的时候,小王向我透露了要离职的想法。

从他最近工作的成果到他的个人状态,我也能感觉一二。离职对他而言是迟早的事,但作为同事又是好朋友,我还是想着开导开导他,尽力挽留。

小王坐在我旁边轻声对我说:"你知道我为什么想离职吗?"

我快速整理了一些过往的印象,说道:"是工作不开心,或者遇到了什么困难吗?"

小王说:"这倒没有,是因为我感觉天天忙忙碌碌,却依然得不到领导的认可。为了项目,我工作日每天忙到凌晨,周末也不休息,放弃了和女朋友逛街的时间,放弃了和朋友吃饭聊天的时间。我为了什么?为项目结果是一方面,另一方面不就是为了得到领导的认可吗?现在呢,我的忙碌并没有换来认可,感觉很挫败。"

我思考着小王的这句话,在大脑中快速提取关键词"忙碌""被领导认可""挫败"。

一方面为了安抚小王,一方面作为朋友也想引导他,于是我问道:"你知道为什么自己这么忙,却得不到认可吗?"

小王茫然地看着我,显然并没有深度思考过这个问题,但还是给了我一个答案:"对我的工作结果不满意呗。"

我说:"那只是一方面,关键是你没有忙到点上。"

小王的经历是发生在我身边的真实故事,也是千千万万的职场人都会有的经历。

通过勤勤恳恳的努力付出,得到领导的认可,实现自己的职场价值,是每一个职场人的追求和梦想。但又有很多人,他们很勤恳,甚至可以用忙碌来形容,却依旧无法得到认可。是领导偏心吗?还是"千里马常有,而伯乐不常有"?或是"金子也不一定发光"?都不是!职场是相对公平的竞争环境,你每一分的努力都会被领导看到,之所以没有得到认可,是因为没有忙到"点"上。

这个"点"是什么?用一条简单易懂的成本公式来概括:领导认可=成果体验-工作成本。

英国有一句著名的谚语:"对于一艘没有航向的船来说,任何方向的风都是逆风。"

诚然,通过这条成本公式找到这个"点",就是找到职场这艘大船航行的方向,沿着这个方向飞奔,就可以快速赢得职场发展。

3.3.1 成本公式:领导认可=成果体验-工作成本

从这条公式不难看出,获得领导认可有两个关键要素:成果体验和工作成本。

当成果体验>工作成本时,领导认可为正值,即可以获得领导的

认可,且正值越大,认可度越高;

当成果体验=工作成本时,领导认可=0,即表示没有得到领导认可,领导对于你的价值处于观望状态;

当成果体验<工作成本时,领导认可为负值,即表示领导对你没有认可,甚至已经没有了信任度,负值越小,认可度越低;

这两个关键要素可以具体量化吗? 答案是否定的,这两个要素是无法具体量化的。就好比女孩问男孩对自己爱得有多深,男孩无法用具体数量来形容,只能说"月亮代表我的心"。如果男孩说"我爱你有 10 米深",这样就闹笑话了。

在工作上也是如此,对下属的认可度、成果体验以及工作成本也无法量化,你的领导只能给出一个综合的判断。

1. 成果体验

成果体验是指领导对员工工作过程中的态度、表现以及最终工作结果的综合感知与体验。

比如,每次我作为评委参加业务部门的述职会议,总会问:"你对于××员工整体的感觉如何?"我想借助这个问题,通过业务主管对员工的评价,看到该员工在工作中的态度、表现和最终每一项任务的结果的综合感知。

结合多年来的业务经验,我将成果体验归纳为以下两点:

(1)对员工工作态度的体验。

在业务走访时,我经常听到这么一句话:"好的工作态度,就是成功的开始。"

这说明了一个道理,好的态度确实是一个有利的因子,可以让自己在一件事情中处于相对主动的位置。

回归职场,领导对员工的工作态度是有体验的。好好工作、全情投入,领导就会有一个好的体验,会给予较高的体验值;如果员工偷奸耍滑,或者效率低下,就会给领导一个差的体验,领导会给予较低的体验值。

(2)对工作结果本身的体验。

这一点比较容易理解,<u>就是领导对我们最终交付的工作结果的满意程度。</u>

管理学大师彼德·德鲁克曾经说过,企业管理说到底就是目标管理。而目标管理就是工作结果的管理。

平常领导对能够保质保量完成工作的员工,往往也都是比较认可的,这里领导的体验值就比较高;反之,对于工作结果丢三落四、到处挖坑的员工,体验值就会很低。

前段时间,同事小李要交付一个项目结果,组织财务、商业分析、市场营销等部门开会,还邀请了自己的领导出席。当他宣布项目结果的时候,财务部的同事说为何没人通知他们参与项目结果的成本核算。就这一句话,让整个会议室鸦雀无声。小李愣愣地站在那里,领导也青着脸。这里的结果体验就非常差。

2. 工作成本

成本是经济学里的一个术语,是商品经济的价值范畴,是商品价值的组成部分,指为达到一定目的而付出或应付出资源的价值。

<u>工作成本就是在工作开展及拿到工作结果的过程中,领导所需要付出的时间、与员工的沟通及培养员工等资源的综合。</u>概括起来,工作成本分为以下三点。

（1）时间成本。

无论是做工作计划、工作开展还是工作总结,<u>时间成本是第一成本</u>。

由于时间是单向流动的,所以时间成本往往都是沉没成本,沉没成本越大,对于最终的结果越不利。

比如完成一项工作,A 员工需要 5 天完成,B 员工需要 9 天完成。A 的时间成本<B 的时间成本,在结果相同的情况下,领导会更加倾向于选择 A。

从沉没成本的角度分析,5 天比 9 天更有利,一旦 A 出现问题还有 4 天时间纠错,而 B 已经没有时间了。

（2）沟通成本。

<u>沟通也是有成本的,除了常规理解中的时间成本以外,还有沟通结束后的风险成本</u>。

比如领导跟你沟通一项任务,除了占用时间以外,还担负着因为你无法理解或者理解不透彻导致的风险。

职场中,为什么有些领导会抱怨与自己的下属沟通成本太高?就是因为一件事反反复复沟通了多次,下属或是不理解,或是表面理解而行动起来还是一步一步"挖坑"。

（3）培养成本。

为了完成一项工作,领导难免要对你进行培养,这里<u>投入的精力和资源都会沉淀为培养成本</u>。

这些年,我帮助业务部门做人才引进,他们总再三叮嘱:"招聘培养成本低、来了就能快速上手的。"因为培养成本越低,就越能尽早地拿到工作结果;培养成本越高,领导的观感就会越差。

3.3.2　获得领导认可，成果体验、工作成本双管齐下

马克思曾说："一步实际行动比一打纲领更重要。"我们需要从以下两个方面展开实际行动。

1. 优化成果体验，加大被领导认可的正值

（1）凡事有反馈，给领导安全感。

给领导安全感，获得认可的最直接有效的方式，就是凡事有反馈。做法如下：

动作 A：收到信息，第一时间反馈。

比如在信息群里，领导下达工作指令，收到后不要拖延，第一时间回复。

动作 B：突发情况，第一时间通告。

对于突然发生且需要立马反馈或者解决的问题，作为下属的我们无法决策，需要领导拿主意。这种情况下，第一时间进行通告，让领导在最快的时间掌握一线信息，便于作出更加及时的判断。

动作 C：客观情况，实事求是告知。

如果你在忙其他事情，比如周末在陪孩子，或者在开另一个会议等，这种情况需要实事求是地告知，不要拖延。

如实告知的好处，是让领导考虑是否延长时间，或是安排其他人，这样不至于耽误工作，也不易对你本人产生误解。

（2）高标准、严要求，超越领导期望。

超越领导期望，就是领导的目标是 100 分，你朝着 120 分努力，最后给领导一个惊喜。

动作 A：坚持原则，保住职场底线。

原则就是职场的底线,比如最简单的职场底线有"不迟到、不早退""不弄虚作假"等,只有坚守住最基本的职场底线,才有被领导认可的基础,否则一切都是空谈。

动作 B:主动提高做事的标准。

领导的要求是完成任务,拿到结果,我们自己的任务是超预期完成。这里就需要我们主动提高做事的标准:

时间更短,在保证品质的情况下,我们可以尝试用更少的时间去完成;

品质更优,在有限的时间内,我们努力拿到更优质的结果;

方法更佳,不断提炼方法论,改善做事流程。

动作 C:说到做到,行出必行。

职场中要敢于承诺,承诺后必须拿到结果,哪怕是熬夜加班也要使命必达。

我的一个同事就是这种敢于承诺且坚守承诺的人,对于一些比较艰巨的任务,领导都会交给他,因为他让领导放心、省心。这就是成果体验好的表现。

注意:成果体验部分的加分项。

(1)对于突发情况,可以通过文字和电话并行的方式,先发文字给领导,再打电话过去。在电话结束的时候提示"文字材料我已经给您发过去了,您及时查看";

(2)无论何时,要有职场底线,价值观一定要正。比如职场中有同事要探听消息,一定要严守职场机密;

(3)超出预期,给领导创造惊喜。比如领导让你做一个简单的口头汇报,而你写了详细的汇报材料,认认真真地汇报进度和结果,给领导创造惊喜。

2. 弱化工作成本,减小被领导认可的负值

(1)做好领导的预期管理。

预期管理是一种经济理论概念,是指有效引导、协调和稳定预期,力求效果最大、副作用最小。

领导的预期管理是职场人必备的核心技能之一。将领导的预期控制在合理的范围内,对我们开展工作是有利的。

领导的预期管理往往包括时间预期、结果预期、成本预期等。具体操作可以分为以下三步。

第一步:坦诚沟通,讲明客观事实。

坦诚沟通是做预期管理的基础。因为在这一环节需要大量客观信息的输入,帮助领导更加客观地认识到他的预期和实际情况之间的差距,从而作出让步。

比如前段时间,领导让我去负责一个文化体系建设的项目。经过我对目前业务发展、团队情况的综合分析后,我和领导做了一次坦诚的沟通,告知目前业务处于初创期,我们和竞争对手都在"忙着抢占市场",一线员工根本无暇参加各种文化活动。

第二步:赢得信任,建立共同目标。

第一步的事实分析,给领导提供更多的客观信息,同时也让领导看到你对工作的充分准备。基于这些事实和信息,要和领导建立起共同目标。这个目标可能不是一次就能定下来的,需要反复沟通和打磨,最终定出对项目、对组织、对业务都有益的目标。

承接上面的文化体系建设项目,我建议在活动和搭建体系两个方向,先从最紧急的文化活动开始,让一线员工最直接地感受到来

自文化的温度。同时,着手开始建立文化体系,系统性地培育文化土壤,但不要期待体系搭建好之后很快落地。

第三步:及时反馈,做好预期管理。

有了共同的目标之后,在落地执行的过程中,还需要及时沟通,不断针对预期向领导做反馈,让他实时了解目前的进度,以便于调整自己的心理预期。

针对前面提到的文化体系项目,我每周都会和领导面对面地进行项目进度汇报,周报里还会再次进行一次汇报。这样频次的汇报,就是让领导有安全感。

(2)掌握"SPAH 模型",高效澄清问题,沟通不费劲。

有些同事为什么沟通起来那么费劲?并不是他不够聪明,也不是不够努力,而是没有掌握方法。

澄清问题的"SPAH 模型",可以帮助你一次性地把问题讲明白,降低沟通成本。

S(Situation):我所处的背景是什么?

P(Problem):我所面临的问题是什么?

A(Action):我尝试过的动作/方法是什么?

H(Help):我需要获得的帮助是什么?

我依据"SPAH 模型",是这样和领导沟通的:

S:目前业务一线处于市场焦灼、快速发展的阶段,外部环境相对比较恶劣。文化体系的建设,对于激励一线员工确实有帮助,有建设的必要性。

P:现在的主要问题是,业务人员忙于任务,没有时间和精力参加我们的文化体系调研和组织的一些文化活动。

A:在这个过程中,我尝试过的动作有加强宣导,让员工理解文化体系的重要性;也和市场营销部联合做了一期文化栏目,希望从外部进行影响。

H:目前我需要得到您的帮助,一是基于业务发展阶段,我们调整文化建设的方向;二是当下可以搞一些任务激励,但需要一些经费。

注意:工作成本部分的加分项。

(1)实事求是地和领导沟通,你越真实,沟通就越容易;

(2)掌握"SPAH 模型",在澄清问题的时候须一次性讲明白,别让领导感觉和你沟通很费劲。

3.4　每次汇报都挨训,那是你不懂方法

小张是一家互联网公司的 HRM(人力资源经理),工作认真,勤勤恳恳。在国庆节后上班不久,他忽然给我打电话,说自己想在年前看看有无机会换一家公司工作。

我问他为什么,他说:"感觉自己挺失败的,每次工作汇报都会被批评,弄得自己毫无成就感。"

我又问:"你有分析其中的原因吗?"

他说:"我感觉自己和领导的脾气相冲。"

我乐呵呵地说:"你能给我举一个实际工作中的案例吗?"

他说:"9 月份我负责公司的校招工作,连续出差了三个星期。期间没有和领导通过电话和见过面,忙完就直接过国庆节了。就在国庆节期间,领导忽然给我打来电话,让我汇报一下校招的工作。

我当时手足无措,因为根本没有准备相关数据,便在电话里和领导沟通,想节后再进行书面汇报。节后上班的第一天,我和领导约好时间,向他汇报校招的工作进展。但刚讲了五分钟,领导就开始对我一顿批评,让我非常难受。"

我问他:"你都讲了些什么?是怎么讲的?"

他说:"我就在自己的本子上写了一些数据,然后汇报出差期间去了北京的哪几所高校,当时面试人数不太乐观,因为有好几家互联网大公司也在进行校招;又接着讲 9 月中旬我们去了武汉,感觉当地的高校人才和我们公司的匹配度还是挺高的,所以未来想继续在武汉开展校招……"

小张还要继续往下讲,我打断了他。

我说:"我知道领导为什么批评你了,因为你应该被批评。"

小张在电话里沉默了好几秒钟,诧异地问我:"什么意思啊?"

我说:"领导批评你是因为你不懂工作汇报的方法,明明一件很简单的事情让你弄得很复杂,让领导听着很烦。"

小张说:"我确实不太善于工作汇报,那有没有一些快速提升的方法呢?"

3.4.1 好的工作汇报,要坚持"三不"原则

在职场中,我们每个人都想通过工作汇报让领导看到我们的努力和产出,那我们就要坚持"三不原则"。

原则一:不随意

(1)时间不随意。

在前面的案例中,朋友在国庆节期间被领导催着进行工作汇

报,就是犯了"工作汇报时间随意"的问题。

有很多人会说:"我工作这么忙,难道汇报的时间随意一点儿不行吗?"

当然,如果你能每天见到你的领导,那么在工作汇报的时间上可以灵活一些。但如果你因为一项重大的工作和重要项目,而较长时间无法与领导见面,那么汇报时间就不能随意,不能等你想汇报的时候再汇报,而必须结合工作的进度进行相对较固定的汇报。比如每天的邮件日报、每周的工作周报、必要的电话沟通、重点问题的请示等。

(2)形式不随意。

案例中,朋友在汇报时,只是在本子上写了一些数据,这显然是不太妥当的。比如做个PPT至少让领导认为你对这件事情是非常重视的。

只有这样,领导才会去重视你,这种重视是相互的。

但是,也并不是说所有的工作汇报都要做PPT,比如有些工作汇报可以口头请示;相对重要一点儿的工作可以写一份文字材料;再重要一点儿的项目,我建议还是做PPT。

原则二:不夸张

(1)问题不瞒报。

很多人都喜欢报喜不报忧,这种习惯在职场中是大忌,因为容易出现问题的地方也是领导最关心的地方。如果担心自己的利益受损或者担心在领导面前丢面子而瞒报问题,最终倒霉的只有自己。我们要在第一时间汇报问题,给解决问题争取更多的时间。同时,汇报问题要敢于承担责任,让领导看到你的担当。

（2）数据实事求是。

很多工作汇报都会涉及数据,数据的呈现自然有"好看的"和"糟糕的",当你的数据很糟糕的时候,也要实事求是汇报。做了就是做了,没做就是没做;做好了就是做好了,没做好就是没做好。实事求是,是一个职场人最基本的职业素质。千万不要因为数据的虚假,而让领导对你失去信任,否则得不偿失。

原则三:不越权

对于自己工作的汇报一定要积极主动,敢于直言,敢于提出自己的意见和想法。千万不能唯唯诺诺,只求相安无事,这样百害而无一利。

（1）不能擅作主张。

无论是大事还是小事,凡是需要决策的事必须要进行请示和汇报,一定要清晰自己的角色,千万不能越俎代庖、擅作主张。

（2）不能恃才傲物。

你的优秀并不能代表你能帮领导做决策,越优秀就应该越低调,不能恃才傲物。领导从自己的角色角度,做出的考虑会比你更多、更全面,所以必要的工作汇报本身就是在帮你做得更好。

3.4.2 不会做工作汇报怎么办

干货一:"总分总法则",是工作汇报的黄金法则

总:一句话/一段话高度概括本次工作汇报的结论;

分:分条阐述自己的论点,以及展示相关的论据,建议不要超过三条;

总:回扣主题,重申自己的结论。

那么,这个"总分总法则"该如何运用呢?

让我们来看一个案例:进行校招工作的汇报。

总:本次校招工作,自 9 月 1 日起到 9 月 30 日结束,累计组织宣讲会 10 场,收到 2 000 份简历,面试 500 人,发出 100 份意向 Offer,实际入职 5 人。其中有一些思考和未来的规划,要点如下。

分:

(1)本次是我司自 2015 年后重启校招工作,扩大企业影响力意义大于招聘本身。(论点)

雇主品牌是一个企业在人力资源市场中谋得立足地位的重要因素……(论据)

(2)本次校招时间安排有待提升,与其他同行大公司同步招聘对我司不利。(论点)

他们在××方面有诸多优势,而我们这次的时间安排恰巧……(论据)

(3)宣讲高校的匹配度较低,导致 Offer 意向 100 人,实际入职只有 5 人,需要重新定位和调研。(论点)

本次校招,我们去的都是热门高校,此类高校大学生的求职期待都较高,普遍期待能加入互联网大公司。国内非 211/985 高校的人才更符合我们公司的实际需求,所以这次校招与我司的业务和人才诉求偏差较大,未来的校招需要进行重新定位和调研……(论据)

总:综合以上三点,今年的校招成果相对较好,同时起到了较好的品牌宣传作用,但在实际的人才招聘上存在错位,入职率较低。在未来的校招工作中,我们可以重新对宣讲高校进行定位和调研,合理安排校招时间。

这个"总分总"的方法，非常好用。即使其他方法不会，这一方法也一定要掌握，并且希望大家能够举一反三地应用在其他场景中。

干货二："PRCS 模型"，一个公式解决不会汇报的问题

什么是"PRCS 模型"？

"PRCS 模型"是一种"结论先行、有序表达"的方法。"PRCS"是一组英文的缩写：

- Point：结论、观点；
- Reason：理由、原因；
- Case：论据、案例；
- Summary：总结、概括。

简单概括就是"结论先行—陈述理由—列举论据—总结概括"。

我们一起来练习：怎样复盘才是一个好的复盘呢？请用 PRCS 模型回答。

运用"PRCS 模型"，我们可以这样回答：

P：一个好的复盘，我觉得应该是对以往的工作经验做一次总结，同时可以提炼出方法论，对团队和其他项目能起到指导性的帮助。

R：这么认为的原因有三点：

（1）复盘，过程和目标对应，找到失败的地方，总结相关经验；

（2）复盘，可以提炼出方法论；

（3）复盘，具有切实的指导性作用。

C：比如在这次项目中我进行了复盘，具体是这样做的……

S：最后，我总结一下，一个好的复盘，要有工作经验的总结、有方法论的提炼，同时对未来的工作有实际的指导性作用，帮助员工取得更好的工作成果。

干货三："KISS 模型"，让领导看到你的深度思考

什么是"KISS 模型"？

"KISS 模型"是一套深度思考和复盘的方法论，用于总结上次活动中的经验与教训，促进下一次活动更好展开，常被应用于活动策划落地执行或者项目执行结束后总结使用。

"KISS"是"Keep""Improve""Stop""Start"四个单词首字母的缩写：

（1）Keep（可以保持）：

思考指引：哪些举措在过去对客户/业务创造了较好的价值？面向未来我们如何能够进一步创造价值？

（2）Improve（需要改进的）：

思考指引：哪些举措导致目标出现了不满意的地方，需要在后续进行改进的。实际情况和当初的假设有何差异？如何在下次遇到相同情况时做得更好？

（3）Start（需要开始的）：

思考指引：哪些举措是在上一年没有实施，在这一年需要开始做的。当初没有做的原因是什么？现在是什么改变了？对业务/客户预期会带来什么收获？

（4）Stop（需要减少做/停止做的）：

思考指引：哪些举措被证明是对整体目标不利的，需要停止的。

对业务/客户造成了什么影响？如何避免同样的问题再次发生？

KISS 模型是目前互联网公司最常用的复盘框架，在实际的使用过程中，"Keep"和"Stop"部分至关重要，"Improve"和"Start"可以根据项目和业务情况灵活复盘。

这里举一个互联网内容社区公司 2022 年组织建设复盘的案例，来系统看看 KISS 模型的运用：

2023 年 1 月份，在春节前夕，这家互联网公司计划召集各事业部负责人对 2022 年组织建设进行一次深度复盘。本次复盘采用 KISS 模型进行，围绕 Keep（可以保持）、Improve（需要改进的）、Start（需要开始的）、Stop（需要减少做/停止做的）四部分展开。

罗欣是社区事业部的 HRBP，为了更好地完成公司层面的组织建设复盘，她在深入学习了 KISS 模型之后，组织社区事业部负责人、各业务线负责人进行广泛讨论和共创，产出如下复盘结果：

复盘结果

复盘维度	复盘内容
Keep（可以保持）	1. 组织氛围建设上的持续投入。2022 年社区事业部基于组织温度调研，在组织氛围（包括荣誉激励、文化活动等）上投入更多资源和精力，员工满意度整体提升 16% 2. 外部交流学习。2022 年 3 月份开始，在运营委员会的牵头下，内容社区事业部开始邀请外部的运营专家来公司分享，也会组织关键岗位人员外出学习。目前从运营效率角度可以感知到大家的运营能力得到较大提升
Improve（需要改进的）	组织结构与业务发展的匹配度。2019 年至今，组织结构只有两次小的微调，并没有基于业务需要的组织变革，在运营团队与商业化团队的配合中存在低效问题，需要在 2023 年进行升级

续上表

复盘维度	复盘内容
Start（需要开始的）	内容运营人才梯队建设。2020 年至今,内容社区一直依靠前几年的人才红利完成了不错的业绩,但从长远角度来看,内容运营人才梯队建设的重视度和投入度是远远不够的,2023 年需要进行必要的外部行业调研和内容诊断,开始人才梯队建设
Stop（需要减少做/停止做的）	兼职编辑的招聘。2021 年是内容社区业务快速发展的一年,这一年招聘了 102 名兼职编辑进行内容创作。2022 年随着公司内容标准的建立,这部分人的投入产出比已经远远低于预期。2023 年,公司会进一步加强 AI 创作的能力,这部分兼职编辑的招聘可以停止

3.4.3　总结：工作汇报有方法，人人都可以掌握

在实际的工作汇报中,我们一定要遵循三不原则:不随意、不夸张、不越权,同时灵活掌握三条干货方法论。

干货一:"总分总法则",工作汇报的黄金法则,一定要掌握;

干货二:"PRCS 模型",一条公式解决不会工作汇报的问题;

干货三:"KISS 模型",让领导看到你的深度复盘。

方法论是死的,人是活的,希望你可以灵活掌握上面的工作汇报方法,形成自己的工作方法,加速自己的成长,实现升职加薪。

3.5　30 秒工作汇报法，你必须掌握的"超能力"

朋友小张向我哭诉,说自己因为不重视 30 秒工作汇报法少赚

了 10 万元钱。我一下来了兴致,打探了一下到底是什么情况。

小张是一家财务软件公司的销售,已经跟进一家大型互联网公司的单子很久了,但最近好像失败了。

有一天,小张去拜访这家公司采购部的李经理,恰巧在电梯里遇到了这家公司的总经理——王总。于是出于礼貌,小张主动打招呼:"王总好,我是财务软件公司的小张。"王总非常礼貌的微笑了一下,同时问道:"你今天来做什么呀?"

小张直接回答来找采购部的李经理,并且跟他约好时间了。王总直接"哦"了一句,然后就转过身去背对着小张,直到电梯门开了,他们各奔东西。

之后,小张和李经理大约聊了三个小时,然后李经理起身去跟王总汇报,不到一分钟,李经理便出来对小张说他们还需要再考虑一下。

对于小张这种有经验的销售来说,他内心感觉这场合作有可能没戏了。

回到公司后,他把自己的经历跟销售总监反馈后,直接被销售总监批评了,说小张浪费了这几个月以来最重要的 30 秒。

小张一头雾水。

总监告诉他,能够跟总经理王总直接面对面交流的机会少之又少,而他如果能够把握住在电梯里的那 30 秒钟,有策略地进行沟通,充分表达产品亮点,说不定就能够引起王总的重视,给自己争取更多的机会,而不是依靠采购部的李经理,因为李经理或许根本不知道王总的想法。

这时候的小张才意识到问题的严重性,感慨自己因为不重视

30 秒少赚了 10 万元,真是亏大了。

3.5.1 "30 秒工作汇报法",敏捷汇报的精髓

"30 秒工作汇报法",就是假设在乘电梯的 30 秒之内,能够清晰准确地向对方表达自己的观点。无论你是销售员还是其他职位,灵活掌握"30 秒工作汇报法",对自己的能力提升和增强自己在领导心目中的地位,都是非常重要和必要的,可以称之为你必须掌握的"超能力"。

"30 秒工作汇报法"同样具有一个相对容易掌握和灵活运用的结构:大 why、中 what 和小 how。

(1)大 why,就是要用相对较长的时间和篇幅来讲明为什么。

(2)中 what,就是用相对较少的时间和篇幅来讲明是什么。

(3)小 how,就是用非常少的时间和篇幅来讲怎么做。

我们来总结一下:30 秒工作汇报法 = 大 why + 中 what + 小 how。想要快速掌握"30 秒工作汇报法",可以从这三个维度展开。

1. 克服自己不敢做短汇报的胆怯

既然是汇报,那肯定是向比自己高一级的领导汇报。

很多时候,我们在向领导汇报工作时会比较胆怯和紧张,因为怕汇报得不好而影响自己在领导心中的形象和地位。这种想法是非常正常的,我曾经向很多同事咨询过,在相对封闭的环境下给他们 30 秒的时间做工作汇报,大多数同事表示非常有压力,会选择在电梯里保持沉默,或者仅仅打个招呼而已。这种沉默恰恰是我们不能要的,因为这样会让我们失去很多给自己加分的机会。当然,并不是说每次在电梯里遇到领导都要做简单的工作汇报。

我们学习"30 秒工作汇报法"的目的在于,遇到领导突然问工作内容时,我们可以有效地应对,而不致自己非常被动。

2. 强化"30 秒工作汇报法"的意识

我们再来拆解一下"30 秒工作汇报法"的结构。

(1)大 why:用相对较长的时间和篇幅讲明为什么。

在这里,你一定要提前想明白目前在进行的主要工作的亮点和背景原因是什么,这点非常重要,千万不能现场随意编造,那样会让自己手忙脚乱。

亮点和背景原因的提炼,可以从发现了什么痛点、找到了什么需求、解决了什么问题、有什么价值点、带来什么收益、提高什么比例等各个方面展开。

(2)中 what:用相对较少的时间和篇幅来讲明是什么。

就是基于上面所发现的问题和价值点要做的事情是什么,可以是一样具体的东西(比如软件系统),也可以是一个项目。

(3)小 how:用非常少的时间和篇幅来讲怎么做。

为什么要用非常少的时间和篇幅来讲怎么做呢? 因为你的动作肯定是一系列有体系的流程,在 30 秒时间里根本无法展开讲述,如果一旦要展开就很容易陷入细节当中,那么整场的汇报就会陷入很尴尬的境地。

如果你的大 why 和中 what 已经足够吸引你的领导,那么小 how 对他来说并不重要,因为他知道你可以做得很好。如果他还特别感兴趣,那么很可能会跟你约时间,让你给他做一次汇报,那么届时你就可以展开汇报如何去做,也就是把小 how 变成大 how。

3. 不断练习,熟能生巧

对于"30 秒工作汇报法",我们并非每次都必须在电梯里进行操练,具体方法可以分为以下三步。

第一步:按照"大 why+中 what+小 how"写下来。

如果突然给出 30 秒的时间,让你去做一场精彩的简短汇报,相信绝大多数人都难以做到。对于我们这种普通人而言,完全可以按照"大 why+中 what+小 how"的逻辑先把我们想要表达的东西写下来。

你写的过程也是一个思考的过程,建议不要长篇大论,就根据 30 秒陈述的时间来控制写作的篇幅。

第二步:要口语化,反复阅读。

既然是一场简单的口头工作汇报,那么就一定要口语化。

设想一下,你跟领导做口头工作汇报,肯定不会用非常书面的语言。所以,建议拿着已经写好的稿子一遍一遍地反复阅读,感觉不通顺的地方就用自己的语言再去描述一遍,直到自己能像聊天一样非常自然地去表达一个观点。

第三步:真实模型演练。

可以邀请你的同事在会议室里模拟领导提问,你就按照"大 why+中 what+小 how"的模式去表达自己的观点。这个过程其实就是将"30 秒工作汇报法"融入自己的表达当中。你表达得越自然,对方听得越明白,就说明你练习得越到位。

在练习的过程中,不要担心卡壳,更不要胆怯,因为在实际生活中你也可能会出现这样的情况,所以要自然、真实。

3.6 巧用"项目全景图"，呈现工作高维思考

前段时间居家办公，朋友小崔打来电话，说自己被领导批评了。原因是：写了一个项目方案，没有体现"项目全景图"。

从小崔的语气里，我能听得出他的无奈。小崔说道："也不知道领导从哪里学来的新鲜词——'项目全景图'，我很无辜啊，当时完全不知道该如何回答领导。"

我笑了笑，问他："你不知道项目全景图，那是怎么回答的呢？"

小崔说："我们领导平时要求就挺高，还挺高冷的，我也不敢问。"

我还没听完小崔的话，就打断了她："怪不得你不知道什么是项目全景图，你的思路本身就出现了问题。"

小崔问我："那什么是'项目全景图'啊？"

我说："别急，下面我就给你讲讲'项目全景图'的理论基础以及如何用。"

3.6.1 什么是"项目全景图"

项目全景图，是一种思维工具，通过全局视角呈现项目方向。在实际工作中，可以通过一张图、一页 PPT 呈现方案的整体框架，既要体现方案的设计逻辑，也要体现若干相关资源或人力资源之间的逻辑关系。（我尝试了多个搜索引擎，也没有找到确切能表达我的想法的"官方解答"。这个解释是我结合自己的工作经验和实际工作汇报的场景总结而出。）

下面通过一张图来解释一下：

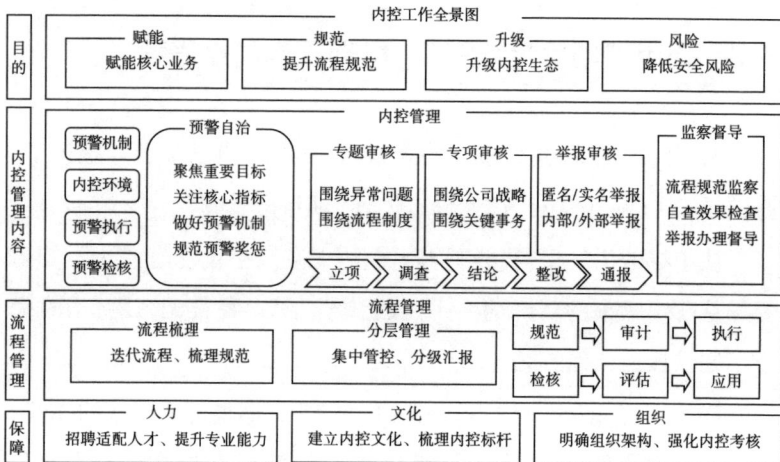

内控工作全景图

目的	赋能 赋能核心业务	规范 提升流程规范	升级 升级内控生态	风险 降低安全风险

内控管理

内控管理内容	预警机制 内控环境 预警执行 预警检核	预警自治 聚焦重要目标 关注核心指标 做好预警机制 规范预警奖惩	专题审核 围绕异常问题 围绕流程制度	专项审核 围绕公司战略 围绕关键事务	举报审核 匿名/实名举报 内部/外部举报	监察督导 流程规范监察 自查效果检查 举报办理督导

立项 → 调查 → 结论 → 整改 → 通报

流程管理

流程管理	流程梳理 迭代流程、梳理规范	分层管理 集中管控、分级汇报	规范 ⇒ 审计 ⇒ 执行 检核 ⇒ 评估 ⇒ 应用

保障	人力 招聘适配人才、提升专业能力	文化 建立内控文化、梳理内控标杆	组织 明确组织架构、强化内控考核

内控工作全景图

这张图是内控工作全景图,我们可以看到:

① 上下共计分为四部分,分别是"目的""内控管理内容""流程管理""保障";

② 在内控管理内容中,其中的"立项—调查—结论—整改—通报",是内控管理的主要工作内容;

③ 在流程管理中,"规划—审计—执行—检核—评估—应用"是内控工作标准流程;

④ 最下部,"人力""文化""组织",是内控工作的底层保障。

在上面这个内控工作全景图中,你可以宏观地看到内控工作的全局,又可以看到内控工作的主要模块,以及各个模块之间的关联。这个全景图就如一幅鸟瞰图,让你的深度思考与布局一览无余。

3.6.2　如何画出"项目全景图",并用得恰到好处

在学如何画全景图之前,我们要明白一个非常重要的问题:全

景图放在哪里？

常规 PPT 的制作，是第一页封面、第二页目录、项目全景图可以放在第三页。这种方式可以让我们自己及领导（关键是领导）一目了然地清楚制作的思路和方案设计，所以要把全景图放在前面，纵览全局。

这里用到了《金字塔原理》中的"总分原则"，这张全景图就是"总"，后边所有的展示都是"分"。

3.6.3 构建自己的全景图

第一步：明确全景图逻辑

就好比我们要画一幅画，选择怎样的构图逻辑，就决定了这幅画的全景图逻辑。

这里给大家分享两种项目全景图常用到的逻辑。

逻辑 1：结构顺序逻辑

什么是结构顺序？

我们经常讲到的总分关系、并列关系，就都是结构顺序。总分结构，用于包含与被包含的关系；并列结构，用于多者之间不存在包含关系，都是相互独立的关系。

下面，我们以实际工作场景来进一步了解项目全景图的思维和绘制方法：

场景：培训方案全景图

分析：培训可以针对老员工、新员工来区分，又可以按照基层员工、管理者来区分，假设，我们按照 P 线（专业序列基层员工）、M 线（管理序列）、外部学员（外包团队、实习生、兼职人员）三个群体来分析，那这三者之间存在什么关系？很明显，是并列关系。于是我们先画出下图：

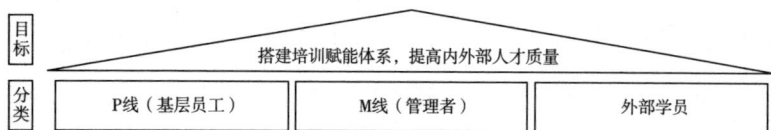

目标	搭建培训赋能体系，提高内外部人才质量		
分类	P线（基层员工）	M线（管理者）	外部学员

三个并列分类

有了三个并列分类后，我们要细化内容，对于每一个分类中的内容展开，就出现了"总分"关系，于是我们接着画出了下图：

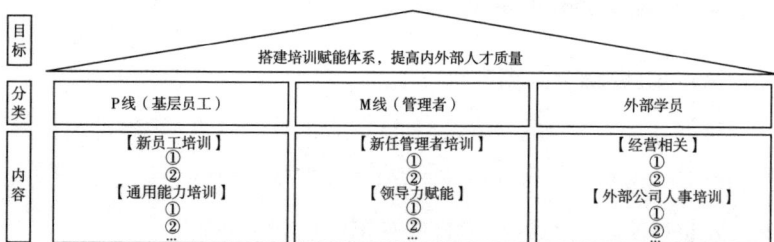

目标	搭建培训赋能体系，提高内外部人才质量		
分类	P线（基层员工）	M线（管理者）	外部学员
内容	【新员工培训】①②【通用能力培训】①②…	【新任管理者培训】①②【领导力赋能】①②…	【经营相关】①②【外部公司人事培训】①②…

总分关系

逻辑 2：时间顺序逻辑

很多项目或者方案中，经常会出现根据时间推进的内容，比如进度、项目流程、实施路径等。

这些内容用结构逻辑无法表达，就必须出现时间顺序逻辑。我们还是以上面的实际案例来接着画图。既然我们要让领导知道我们这个项目的整体思路，那就要从宏观角度去策划整个闭环，也就是从问题讨论、需求调研、需求分析、项目立项、项目策划与运营、项目交付、项目复盘等策划，整体符合 PDCA 的逻辑。

想到这里，按照"时间顺序逻辑"，归纳为两部分，请看下图。

搭建培训赋能体系，提高内外部人才质量

目标	分类	内容	落地思考
	P线（基层员工）	【新员工培训】①② 【通用能力培训】①②…	需求调研 1月1日—3月1日
	M线（管理者）	【新任管理者培训】①② 【领导力赋能】①②…	项目立项 3月份
	外部学员	【经营相关】①② 【外部公司人事培训】①②…	项目运营 5月1日-7月30日
			项目复盘 8月份

P 计划　D 实施　C 检核　A 改进

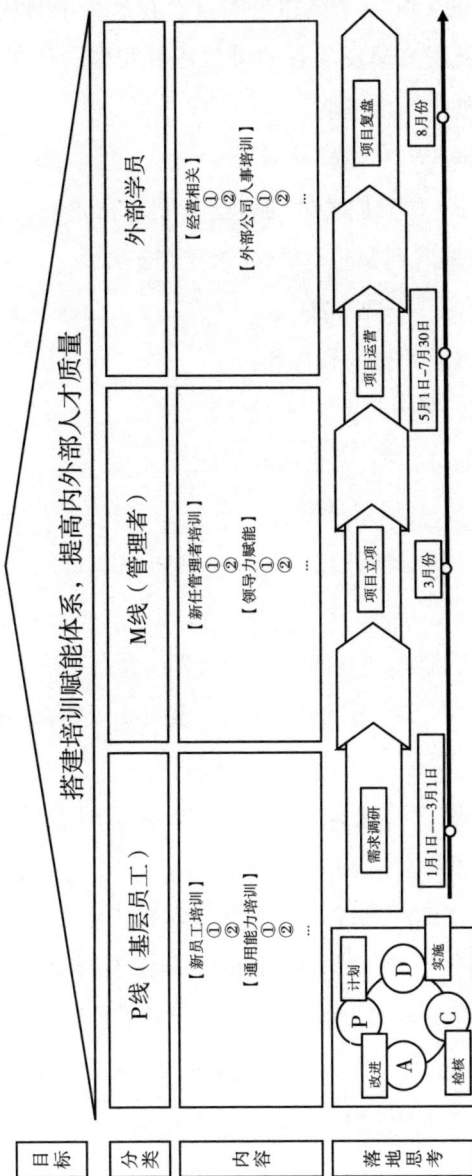

按时间顺序逻辑归纳

· 117 ·

其中,左侧的 PDCA 来整体展示自己在这个项目中的闭环思考,右侧的项目流程来呈现项目的关键环节安排。既有项目思考,又有项目流程,整体结构完整。

第二步:根据 5W2H 查缺补漏

"5W2H"模式,是我们构建项目全景图非常重要的工具,可以让我们非常清晰地看到哪些模块、要素我们还欠缺。

我们再来复习一下"5W2H":

why:为什么做,写目的和背景;

what:做什么,写内容;

who:谁做,与谁相关,写干系人;

where:在哪做,写场景、场地;

when:时间,写时间流程;

how:怎么做,写方法;

how much:写成本。

我们来对比一下上面的全景图,上图中已经有了 why、what、when、how。

分析完后发现,我们还缺 who、where、how much。

这里必须提醒一下:

全景图不是详细的项目方案,它只是项目方案的整体结构和思考的呈现,如果你要看具体如何做(how)、具体什么时间执行(when),都需要在后边的方案里呈现,这里只讲框架。

既然我们清晰了缺少 who、where、how much,那我们就开始补充吧。补充完后的图如下:

目标	分类	内容	落地思考	支持

搭建培训赋能体系，提高内外部人才质量

P线（基层员工）
【新员工培训】
①
②
【通用能力培训】
①
②
…

M线（管理者）
【新任管理者培训】
①
②
【领导力赋能】
①
②
…

外部学员
【经营相关】
①
②
【外部公司人事培训】
①
②
…

需求调研　1月1日—3月1日
项目立项　3月份
项目运营　5月1日—7月30日
项目复盘　8月份

P 计划
D 实施
C 检核
A 改进

①培训部，负责整个项目的策划和运营；②公司领导，作为整个项目的总指挥；③财务部参与运营预算；④行政部协同提供场所；

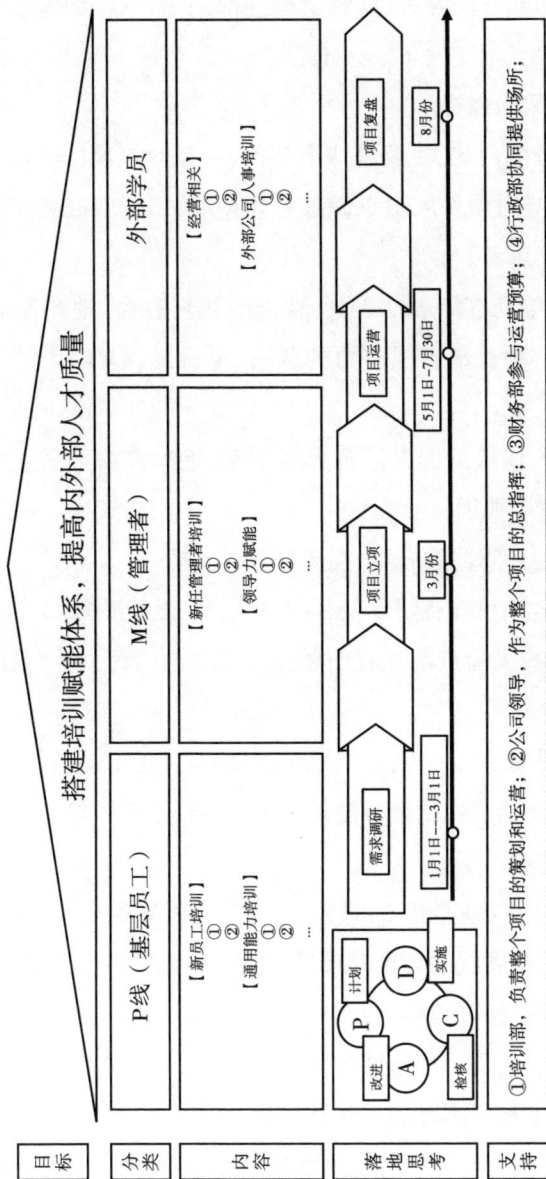

绘制培训项目全景图

·119·

补充完这部分内容后,就知道哪些部门干什么,在哪里干以及预算是多少。

第三步:风险点提示

写这部分的内容,主要有两个目的:一是对该项目进行风险点的预估,让领导对项目风险点做好心理预期;二是促进和体现自己对项目的深度思考。

笔者结合自己多年来的项目经验,经常出现的风险地方大致如下:

风险点 1:项目缺乏强有力的背书,也就是领导给予的支持力度不够;

风险点 2:项目负责人运营力度不够,绝大多数项目无疾而终主要是因为这个原因;

风险点 3:预算问题,这个需要财务的支持;

风险点 4:项目没有闭环,项目没有复盘、没有反馈。

所以,这些风险点都是我们要深度思考的问题,在全景图中也要如实写出来。

我们画图的最后一步,写上思考的风险点(见下图)。

画完这部分,我们的全景图是不是就一目了然了。

最后再提醒一下:

在进行项目方案设计的时候,请先把这种项目全景图画出来。我们可以用这张图找领导校对项目思路。如果思路出了问题,执行力越强结果就会偏差越大。

项目全景图,是一种思维的呈现,不是会做 PPT 就能实现。

掌握这种思维,我们更容易从全面的角度思考整个项目,工作还没正式开始,就已经让领导看到了我们思考的深度和广度,眼前为之一亮。

目标	搭建培训赋能体系，提高内外部人才质量
分类	P线（基层员工） / M线（管理者） / 外部学员
内容	【新员工培训】①②【通用能力培训】①②… / 【新任管理者培训】①②【领导力赋能】①②… / 【经营相关】①②【外部公司人事培训】①②…
落地思考	P计划 D实施 C检核 A改进 — 需求调研（1月1日—3月1日）→ 项目立项（3月份）→ 项目运营（5月1日—7月30日）→ 项目复盘（8月份）
支持	①培训部，负责整个项目的策划和运营；②公司领导，作为整个项目的总指挥；③财务部参与运营预算；④行政部协同提供场所；
风险	①……；②……；③……；④……；

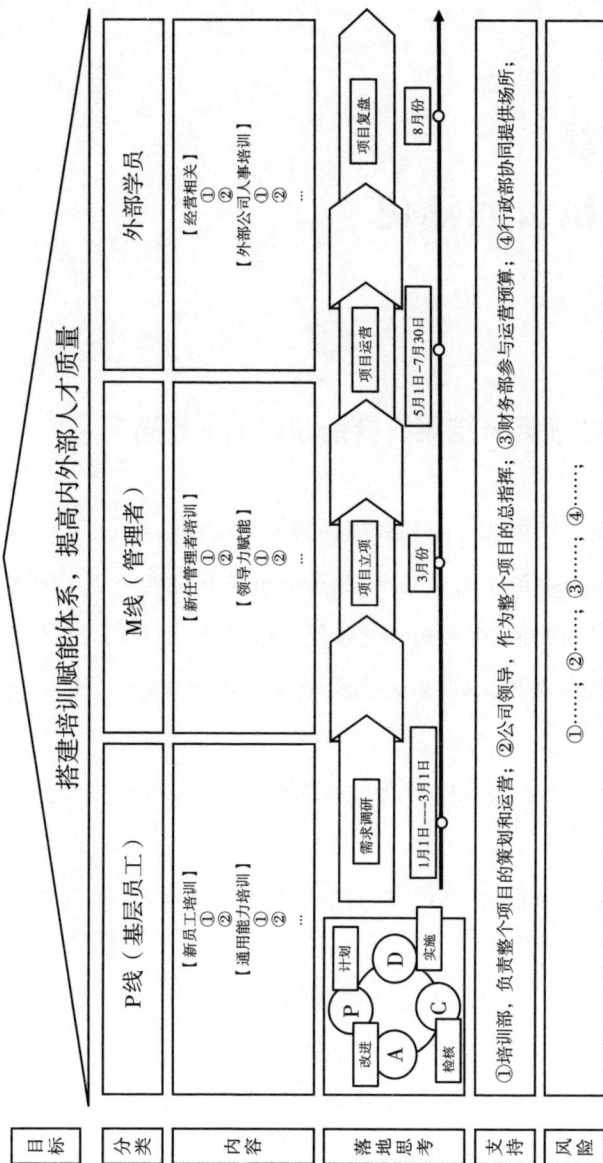

最终的全景图

第4章
卓越执行方法论

4.1 完成任务≠结果，告别职场"伪勤奋"

曾经看过一则关于小和尚撞钟的故事：

在一座幽静深山的寺庙里，住着一个老和尚和一个小和尚。老和尚负责诵经礼佛，小和尚负责撞钟。一年来，小和尚每天"勤勤恳恳"地撞钟，但无聊至极，因为他感觉自己就是"做一天和尚撞一天钟"。

有一天，老和尚派小和尚去后院劈柴做饭，原因是他不能胜任撞钟一职。

小和尚愤愤不平，追问老和尚："说我不胜任，是因为我撞的钟不准时、不响亮？"

老和尚很平静地对他说："你撞的钟很准时，也很响亮，但钟声空泛，毫无穿透力和感召力。我寺的钟声是要唤醒沉迷的众生，驱逐他们心中的迷雾，因此需要钟声不仅要准时、洪亮，还需要深沉、悠远。"

尽管这只是一则寓言故事，但却引人深思。

为什么小和尚无法胜任撞钟的工作？

因为他只是在完成任务（撞钟），他以为这就是老和尚想要的结果。但老和尚和众生真正想要的结果是什么？不是撞钟，而是唤醒众生。

撞钟是任务，小和尚确实"勤恳"，也完成了任务，时间久了，他自己都感觉缺乏动力；唤醒众生是结果，是需要真正用心、用力去完成的。

反观我们职场，有多少人都在勤勤恳恳地做着小和尚似的任务，只要工作了，自己就变得心安理得，完全不管结果如何。

4.1.1 完成任务≠结果，拿到结果是一个合格员工的底线

每次在做绩效评估或者年终奖发放的时候，总会有人这么说："我没有功劳也有苦劳啊？"

是的，你确实有苦劳，勤勤恳恳，不迟到、不早退，甚至还占用了自己的假期。这样的员工，只能说明价值观很正，却无法证明有太大的价值。

在职场中，为什么会更关注功劳（结果）而非苦劳（任务）？

要理解这个问题，需要先了解企业和员工之间的关系。除了浅层次的雇佣关系以外，我们还要看到企业和员工之间的底层关系，也就是价值交换关系。

什么是价值交换关系？就是企业通过付出自己的价值（包括薪资、福利、安全感、社会地位等），来交换员工的价值（包括时间、体力、脑力、知识、创意等）。这种关系是职场底层的关系，也是驱动职场人不断提升自己，以获取更大程度发展的最根本的动力。

基于这样的职场底层关系,<u>企业更愿意交换员工的功劳,而非苦劳</u>。因为功劳是有价值的,而苦劳往往没有价值,只是时间的累计,简单重复动作的堆积。

<u>完成任务,不等于拿到结果。</u>

<u>什么是任务?</u>任务就是领导委派的工作,是员工应担负的职责。

比如,近期领导安排我牵头做一个全员绩效管理的项目,其中包括业务需求调研、方案整理、方案宣导、考核执行与反馈等。

于我而言,其中的每一个环节都是我的任务,比如设计一个问卷、调研业务目前在绩效管理方面的需求和痛点、做一个绩效理念宣导 PPT。

<u>什么是结果?</u>结果就是通过完成一项工作最终所达到的具有价值的目的。

比如,这个绩效管理项目,领导想要的结果是什么?是通过绩效管理考核体系的搭建,让全体员工有较完整的绩效管理理念,给管理者提供一个切实可行的管理工具,最终提高员工绩效和组织绩效。如果没有这个结果的呈现,相信做再多的调研分析、准备再多的 PPT 方案也是枉然。

完成任务≠结果。就好比你给客户打一通电话,打电话就是任务,通过打电话把事情沟通明白就是结果,哪个重要一目了然。

<u>拿到结果,是一个合格员工的底线。</u>

底线就如汽车的轮子,没有轮子的汽车顶多就是一堆漂亮的铁皮;底线就如为维持生命存在的空气,没有空气,生命便不复存在。员工的底线就是拿着公司给予的薪酬、福利和社会地位,给出合格

的结果。

有人说,我尽力了。如果"尽力了"就可以了,那就不会存在像亚马逊这样的顶级公司,因为他们的每一天都被当作是第一天来全力以赴,也就是"Day 1 精神"。

有人说,我也想有合格的结果,就是能力不行。如果真的已经意识到能力不行,那就尽快学习改变,用最高的效率提升技能,在最短的时间内提高自己的价值,与公司给予的价值对等。

4.1.2　如何建立起强大的拿结果的能力

俞敏洪老师曾在一次演讲中讲道:"运气永远不可能持续一辈子,能帮助你持续一辈子的东西只有你个人的能力。"

放眼职场,每一个职场人都希望可以升职加薪、实现个人价值,维持个人正向发展的永远不是运气,也不是"当一天和尚撞一天钟"似的完成任务,而是拿到结果的能力。

帮我们快速建立起强大的拿结果的能力主要有以下三点。

1. 强化结果导向思维,不是"想要",是"一定要"

当领导走到你面前,要你拿到一项工作的结果时,在开始执行前,你不是要考虑是否能够完成,而是要下"一定要完成"的决心。尽管前方困难重重,你也要建立起必胜的信心和决心,全力以赴拿到结果。

"想要",要得不彻底,心里还给自己留了缓和的余地,感觉如果要不到,自己也尽力了;

"一定要",就是"不撞南墙不回头"的决心。

法国管理大师卡洛斯·戈恩拯救了岌岌可危的日产公司,他为何能成功?

2000 年左右,汽车市场一片萧条,日产公司岌岌可危,公司总部邀请管理大师戈恩来进行企业整治。

在他的就职演讲中,面对日产公司数万名员工,他做出了一个承诺:到 2004 年,日产汽车全球销量增加 100 万台,实现利润率 8%,净债务为 0。这也就是后来为外界所津津乐道的"180 计划"。

戈恩坚定地告诉所有人:"我一定要实现这三个目标,任何一点未达成,我出局!"

在这个案例中,戈恩没有给自己留任何一点儿缓和的空间,没有留任何一点儿退路,要么拿到结果,要么出局。这就是结果导向思维。

如何强化自己的结果导向思维?

(1)进行公众承诺,引入公众监督。

公众承诺会给自己施加较大的压力和紧迫感,从而消除内心给自己的缓冲空间,也就是"逼"自己完成。正是因为如此,职场人往往恐惧进行公众承诺。

强化结果导向思维,可以通过进行公众承诺,让公众监督的力量督促自己不断提升。

比如我的领导就会让我们在述职会议上,针对自己的工作做公众承诺——"全员绩效管理的项目,我要在 6 月 30 日完成全员宣导并进行考试,确保考试通过率 100%,让每一位员工都理解绩效管理理念。"(我的承诺)

(2)杜绝"假如……""如果……",改为"必须……""一定要……"的表达。

行动和结果之间,就隔着若干个借口。

杜绝"假如……我就完成了""如果我有他那样的能力,我也能拿到好的结果"等,这样的借口只会让自己在职场上的竞争力消失殆尽,应改为"一定要……",比如"这个项目,我一定要做到……不然我就……"。

2. "0.1 > 0",立即行动

"你在那儿坐着,是永远不会有结果的",就好比要烧一壶水,都不去点燃柴火,怎么会有热水?

0.1 固然很渺小,但 0 却是虚无。你的一丁点儿行动就是 0.1,有了第一个 0.1,才会有 0.2,1,10,100……

怎样的行动才会有结果?

(1)不要迷信完美。

追求一个好的结果,想在领导面前有面子、有价值,这是人之常情。但在职场中,由于种种因素所致,完美的结果并不一定能够"如期而至",得到的可能只是一个你并不满意的结果。

不完美的结果总比没有结果强,因为追求完美,你可能会陷入一个执行的陷阱。

比如,前段时间我的领导生气了。

我真的无法将"火冒三丈"和这个平时性格温和的女领导联系起来。她之所以生气,是因为同事小彰每一次的项目汇报总会推迟交付时间,理由都是"为了让项目结果更加完美,给领导一个满意的答卷"。为了这个满意的答卷,本应一个月交付的项目,小彰整整用了 2.5 个月。这期间,领导不止一次被高管约谈、被成本中心追责预算超时等,她也顶着很大的压力。

行动,先跑起来,不要太追求完美,先拿到结果,后期再进行迭代岂不是更好。

(2)给行动设置时限。

没有时限的行动,就好比漫无目的的旅行,变得慌乱,变得没有了节奏感。

开始行动前,给自己的行动设置一个时限,让自己能够感知到时间的流逝和紧迫感,从而倒逼自己的进度。

企业常用的 OKR 管理工具的其中一个维度就是"工作交付时间"。通过这个时间点的设置,员工可以有效地掌握行动的节奏,领导也能准确地掌握员工行动的进度,并及时进行方向校准和结果验收。

3. 要专注,先解决重要的事

在解决问题的流程上,先从重要且紧急的事项开始,把这个事情解决之后,再一个一个地处理其他事项。如果一开始就"眉毛胡子一把抓",这样往往没有重点,反倒会事倍功半。

在职场中,一次只专注一项工作,尤其是专注于重点工作。

现在的职场人能做到专注其实挺难的,因为每时每刻都要处理纷至沓来的琐事。比如一位员工正在进行一项工作,领导忽然叫他去开会,他便不得不中止手头的工作;或者他正在写一个方案,忽然来了一个客户,方案就暂时搁置了。

做到专注,常用且有效的方式就是"番茄工作法"。

番茄工作法,相信大家都不陌生,是一种时间管理方法,即针对一项工作,将时间设置为 25 分钟,这中间只进行工作,不得被任何他人或者其他事打断,直到闹铃响起;然后休息 5 分钟,再进行下一个 25 分钟。

"番茄工作法"的好处就在于,将自己本来碎片化的时间整合成块,减少了自己对时间的焦虑,从而提高了时间块内的专注度和工作效率。

番茄时间是设置 25 分钟,还是 30 分钟,可以根据自己的专注度而定。

重要的事都有哪些呢? 根据工作总结,我分享以下三个实战经验。

(1)具有重要影响意义的工作。

比如策划并组织一场公司的战略研讨会,这样的工作往往都是投入了较大的资源、涉及较广泛的人员,一旦有较好的产出,会对工作的经营、成本、营销、组织能力发展等方面具有较大的影响。

如果你手头有这样的工作,请务必高度重视。

(2)领导重点关注的工作。

领导重点关注的工作,自然是他感觉具有意义的工作,或者是他的领导要求他去做的事情。

对于这样的工作,我们一定要重视起来,千万不要在领导最关心的事情上犯错。

对领导重点关注的工作负责,就是对自己的领导负责,就是对自己的职业未来负责。

(3)会影响你职业发展的工作。

在职场中,总会有一些工作会对你的职业发展产生很大的促进作用。以我自己为例,建立起业务团队的赋能体系,在人才发展的各个环节进行监督,为组织培养高质量人才,提高管理者组织能力等,这些工作对我的述职、答辩、晋升,都是非常有亮点的工作。对于这样的工作,一定要重视并做好。

4.2 自省做到知行合一,助力跃上高阶职场

去年年末,我们部门组织了季度的工作述职报告。本来两个小时就可以结束的会议,我们用了整整一天。在会上每个人都正襟危坐,认真聆听总监的教导,尤其是对同事小彰的点评。

为什么会这样?

在每个人的述职报告中都有"自我反省"部分,也正是因为这一部分,让小彰久久下不来台。总监问道:"小彰,你的自省这部分已经讲了 1 个小时,知道为什么我一直不让你停下吗?"

小彰说:"因为我的 PPT 做得不好。"

总监:"你觉得我会因为你做得不好就不断深入追问你吗?"

小彰:"不会。"

总监:"那是因为什么?"

小彰似乎并没有想到更好的答案,站在屏幕前面默不作声。

总监看了看小彰,说:"这是自省吗?回想一下第三季度你的自省内容,是不是也是这些?如果今天我不给你点出来,明年你是不是还会写这些'放之四海而皆准'的内容。"

总监站起来,接着说:"每一个项目结束后的反思,就你写得最好、最华丽,但回想一下你的行动、你的改变呢?我看不到!"

总监的这次点评,确实让小彰有些招架不住,依然站在那里不说话。

我仔细看了一下小彰写的自省内容,有文字表达,也有思维导图,乍看内容丰满,细看空洞乏味,完全不落地。

小彰是不会做书面呈现和现场表达吗? 不是,他写得、讲得比谁都好。那他的问题出在哪儿?

他是走进了自省的误区。

4.2.1　自省有哪些误区

自省,本来是一个非常好的自我反省和总结的途径,以帮助自己更好地实现职场价值。但由于每个人的认知不同,就产生了很多的错误理解,即自省误区。

误区一:自省就是喊口号

我在工作的这些年里发现,"喊口号"是职场人最常见的问题,尤其是在工作汇报或者述职报告中更加明显。

比如某同事在做团队建设部分的自省时,他写道:"上半年我们团队的业绩整体良好,但团队士气还需要进一步提升,接下来我要带领团队打硬仗、打胜仗……"每一句都感觉特别鼓舞,但每一句又都是不接地气的话。

误区二:自省就是自我否定

职场中还有很多人,谈及自我反省,就感觉是要开展自我批评了。于是这部分人便开始对自己一通否定,把自己说得一无是处。

曾经有一个同事总喜欢在自省部分自我否定,比如:"这次项目的失败完全是因为我的无能造成的,是我专业能力不行,团队管理也缺少章法。"

这种不够客观、一味自我否定的自省,会让领导对他的信任感消失殆尽,同时也让他更加缺乏信心。

误区三:自省就是领导的"表演时间"

一个朋友给我打电话说,在述职过程中的"自我总结和反省"部分,他会故意写得很差,是为了让领导有充分的话语权。

我当时也就呵呵一笑。不把自省当作自我提升的契机,反而认为是给领导话语权,这种思想百害而无一益。

以上三种,是职场人自省时最容易进入的误区,在这种错误认知下,行动自然也就偏离,可谓"失之毫厘,谬以千里"。

4.2.2 做不到知行合一的自省就是"做秀"

在职场中,我们不光要自省,更要做到"知行合一",如果不能做到"知行合一",那自省就变成了"一场秀"。

自省,可以充分认识到自己的不足,复盘经验和教训让我们事半功倍。做一次合格且有效果的自省,需要坚持"自省三原则"。

原则一:以自我为出发点

自我反省,就是要围绕自己展开思考、总结和复盘。换言之,如果在自省中都是对外部环境、他人因素的解释,那自省的价值也就大打折扣。

原则二:自省态度要客观

"知之为知之,不知为不知。"在职场中的自我反省,最要不得的就是非客观的主观臆断。整个自省下来,都是"我感觉是×××原因""我估计是×××导致的",这样不确定、不客观的信息不光会引起别人的反感,更容易对自己的行动产生误导,使自己越来越偏离正确的轨道。

原则三：追求效益最大化

自省的最终目标是让自己变得更加卓越，让工作更加完美，让自己的职场价值得到进一步的呈现。这些明确的目标都是自我反省所追求的效益，如果我们不去追求效益，那我们的自省就极有可能变成一种形式。

就如同事小彰，他的自省之所以成为一种形式，就是因为他没有去追求效益的最大化，或者他根本不清楚"自省三原则"。

什么是"知行合一"？就是对于自省结果的认知与自己的行动是一致的。

我们反观小彰的案例：他知道自己的问题在哪儿，也知道未来的改进方案，但就是没有行动，没有改变。这种认知和行动不一致的自省，是一定不会有结果的，更谈不上效益最大化。

自省，既是一个提升自我认知的工具，更是一种提升思维能力的方法。真正懂得自省的人，永远都会以终为始地看待自己的总结，以追求实际的效益为己任，从未来视角看现在，做到"知行合一"。

4.2.3 我们的自省如何做到"知行合一"？ 如何让我们的自省更有效果

第一步：强化闭环思维

什么是闭环思维？就是每一件事有始有终、有执行过程、有反馈。这种思维不仅是自省的第一性思维，也是工作中确保有结果的重要思维。

某次，一位同事牵头制订一项季度绩效管理机制。他设计了方案初稿，组织了项目沟通会，也在业务中进行了方案宣导，但快到季度末了，这位同事都没有进一步推进的动作，且对目前的业务绩效管理进度不管不问。这种情况就属于没有闭环思维，而是走一步看一步。

<u>强化闭环思维的最有效方法就是自我提问法</u>，即多问几句"如果×××，我该怎么做"。

以上关于绩效管理的例子，基于闭环思维的训练方式，我们可以这样自我提问：

（1）<u>自我提问</u>：如果要确保这个项目最终有效果，我该怎么做？

<u>自我答复</u>：我要通过组织项目会议，对管理者进行绩效理念宣导，达成共识。通过他们在全员内进行方案的宣导，引起员工重视。

（2）<u>自我提问</u>：如果要确保绩效方案对每一个团队都有用，我该怎么做？

<u>自我答复</u>：我要先了解各个团队的业务现状和考核诉求，然后不断跟进绩效考核机制在各团队的执行情况，出现问题及时解决。

依此类推，不断追问自己，不断自我答复，闭环思维也在其中得到不断强化。

第二步：客观评价自我

我们处在错综复杂的信息流中，加上认知程度的不同，<u>怎样做才能做到对自己进行客观评价</u>？

（1）承认自己是自省的源头。

自省的过程，其实就是以自我为出发点的一次自我复盘和总结,我们要多去想"在这件事情上,我的问题是什么"。

比如,我最近在做一个文化体系的项目,在做自省的时候,我会问自己:"这个体系目前的进度比较慢,我的问题是什么?""大家对文化活动都喜闻乐见,但目前同事表现得很冷淡,我的问题是什么?"

通过这种以发掘"我的问题是什么"的问句,让自己在潜意识里承认自己就是源头。

(2)寻找真实数据和信息,确保自省客观。

什么样的数据和信息是真实的? 比如来自财务的报表、团队业务结果的数据报告,以及团队人才结构的变化(如人才离职率、员工状态等),通过这些可以量化的数据以及可以行为化的信息,进行客观的自我分析和反省。

(3)接纳不完美的自己。

在自我反省的时候,总会发现自己有很多缺点和不足,这时候自信心会受挫,甚至有些人会感觉自己一无是处,变得垂头丧气。

其实大可不必这样,因为每个职场人的成长都需要一个过程,我们要勇敢地接受自己的不完美,通过自省的方式完成自我总结,不断提升自己。

第三步:列出行动计划

我们制订的行动计划要符合"SMART 原则":

S(Specific):具体的。在执行行动计划时,我们自省的结果要具体,不要笼统。比如通过自我反省,我计划未来要在团队建设方面注重成员阅读力和演讲能力的提升。这里的"阅读"和"演讲"就是具体的,而如果只描述"团队建设",那就是笼统的。

M(Measurable):可衡量的。其是指可以量化或者行为化的,比如在团队建设方面,我要每月组织 4 次团队集中阅读,每次时长1 小时,并且还要进行读后感的分享,每人 5 分钟。这里的每一个动作都用数据和行为来量化,就是可以衡量的。如果只表达我要组织阅读和读后感的分享,那就不可衡量。

A(Attainable):可实现的。其是指通过努力可以达到,比如上面 1 小时的阅读和 5 分钟的分享是可以实现的,如果我计划每个月组织 30 次集中阅读,这个计划明显就超出了实际业务允许的范畴,就是无法实现的。

R(Relevant):相关联的。其是指我的行动计划要和我自省的内容相关,不能风马牛不相及。比如在做团队建设的反思中,我发现团队的人才招聘进度缓慢,那我的动作就应该落脚在人才招募上,如果写的是组织团队聚餐,那就不相关了。

T(Time-bound):有时限的。凡事要设置一个时限,因为有了时限,人的意识里才会有一根不断强化执行的弦。比如人才招募定于 9 月 30 日,招聘到岗 4 人。这就是一个非常明确的时限。

第四步:自省结果复盘

企业家陈天桥说:"复盘过去,思考未来。"可见复盘对于未来的发展是极具正向影响意义的。对于自省亦然,我们有了正确的自省认知,也根据自省的思考制订了行动计划,最后我们需要进行复盘。有复盘的自省,才能在最后一个环节确保"知行合一"。那么,如何复盘呢?

(1)回顾目标,看看我们曾经是怎么想的。

在自省中,我们发现了很多问题,比如自己项目管理专业能力存在短板、团队人才不足、组织绩效提升缓慢等,基于此,制订了目标。

目标 1:本月阅读 3 本关于项目管理的书,并且整理 3 篇读后感,利用早会时间在团队中分享;

目标 2:本月月初联系招聘组再开通 3 个招聘渠道,保证每天的简历量不少于 50 份,月末确保入职 4 人;

目标 3:进行全员绩效机制的宣导,每场宣导不少于 30 分钟,现场进行问答。

(2)评价结果,看看我们现在的结果怎样。

对于行动结果的评价,就是对于我们自省结果的评价。行动结果越有价值,我们的自省就越有价值。

比如,通过本月阅读 3 本项目管理的书籍,目前已经掌握了项目管理的基本思考逻辑、目标拆分思路、甘特图的制作方法,以及干系人(参与项目的个体和组织)管理的工具。

以终为始地看,这个结果是有价值的,即说明我在上个月的自我反省以及行动计划是有效的。

(3)分析过程,看看我们是怎么做的。

对于过程中我们做法的回顾,可以让我们更加清晰地认识到目标与结果的直接关系,找出不足之处,从而更好地进行方法迭代。

比如我发现自己阅读时逐字逐句地读,阅读效率太低,且在做笔记时往往杂乱无章。通过对过程的分析,我下次会选择"速读"与听书相结合的方式,充分利用碎片化时间学习,同时运用"康奈尔笔记法"提升做笔记的有效性。

4.3 把精力放在"正确的事"上，事半功倍

管理大师德鲁克说过，效率是正确地做事，而效能是做正确的事。这句话非常直接地指出了目前职场人工作方法的弊端。

不断追求短期结果的人往往都特别忙，却不一定有好结果。所以，"不能老是低头干活，要时不时抬头看看方向"。

我有一位朋友——霄哥，刚认识他的时候，他还只是一家教育公司的 HRD（人力资源总监）。5 年过去了，他自己开了公司，位置就在北京市海淀区。

有一次我和他聊天，我问他如何做精力管理，他给我举了一个例子：

在一个工厂里，每个工人都在勤勤恳恳地按照标准化的作业流程工作。这些工人就是在"正确地做事"。他们生产的产品是否符合市场的需求，是否能卖出去，是领导要考虑的问题。领导的职责是什么？就是要"做正确的事"。

霄哥说："我的精力管理，就是把最重要的精力放在正确的事上。"

显然，"做正确的事"是"正确地做事"的前提。

4.3.1 什么是正确的事

"一千个人眼中就有一千个哈姆雷特"，想必大家对"正确的事"的理解也是千差万别。

"正确的事"，是对提升组织效能极其关键的事，是企业决策者

同样也是我们普通职场人要日常关注的事情。

"做正确的事",是一种管理思维,是决定我们不致走上错误的道路,或者不致让我们在错误道路上越走越远的思维。

这里举一个我小时候锄草的例子:

我小时候去麦田锄草,一进入麦田我就埋头苦干,心想着在中午之前要把这片麦田锄完。一想到这个宏伟的目标,一想到因为这件事我可能会受到妈妈的表扬,我就干得更加起劲儿了。

当锄到一半的时候,我猛然间发现旁边的那片麦田很熟悉,仔细一看,原来旁边那片麦田才是我家的。这一上午我埋头苦干的结果,竟然是为邻居家做的。

如果前期的决策错了,我们越是"正确地做事",越是勤奋、忙碌,就会在这条错误的路上越走越远。

4.3.2 如何把精力放在"正确的事"上

其实,在职场这么多年,你会发现工作是做不完的,我们需要集中精力,找到"正确做事"的方法。

1. 做事前的准备工作

在职场中,因为每个人的出身不同、履历不同、阅历不同、对事物认知的方法论不同,会导致对事情的判断和理解也有所不同。

(1)做事前先冷静一下,厘清做事情的思路。

这个过程很重要,因为只有我们冷静下来,才能比较细致地梳理事情的脉络,最后付出行动。

(2)深挖事实和广泛地收集资料。

遇事要多问几个为什么,多进行实地考察。

2. 做事情要专注

如果问大家一个问题："在工作中,你认为最重要的品质是什么?"相信很多人都会回答"专注",或者"专注"肯定是其中一个答案。

如果再问一个问题："你认为在平时的工作中有多少是最重要的工作?"想必很多人都会回答,"少量""2~3 件""20%"等此类的答案。

既然要专注,我们该如何培养工作的专注力呢?

(1)要学会拒绝和转移。

对于日常工作中那些在我们工作范围以外和能力无法企及的工作,要学会拒绝和转移给别人,因为这样的工作只会消耗我们太多的精力和时间,而结果往往不一定好。

(2)对你的上级负责。

这不是因为上级决定了我们的 KPI、决定了我们的奖金和晋升等,而是因为我们和上级其实是一种"共生"关系,对他负责,其实就是你对整个部门负责。你的工作有结果,整个部门才会有更好的结果。

(3)如果制订了计划,就要严格执行。

专注本身就是对于计划的严格执行。

"三天打鱼,两天晒网"的执行计划,只会给自己带来灾难。

在平日的工作中,我们会有很多计划,列出一张表,每完成一项就画一个对勾,不断提醒自己计划对于结果的重要性,晚一点儿吃饭、晚一点儿睡觉、周末少看一会儿电视,也要把计划强力地推进。

2023年一季度个人成长计划

☐ 阅读3本书（重点书单）和制作思维脑图
  ☐ 1月份（含春节假期）完成《商业洞察力》的阅读
  ☐ 2月份完成《如何系统思考》的阅读
  ☐ 3月份完成《大国大民》的阅读
  ☐ 3月21日完成一次团队内部的《系统思考》分享课（自己制作PPT课件）

☐ 完成2次教练辅导，并整理教练笔记
  ☐ 2月份完成王可可（1月份已预约）进行教练辅导，整理教练笔记
  ☐ 3月份完成季晨（2月下旬预约）进行教练辅导，整理教练笔记
  ☐ 3月26日（周日）基于两期教练辅导进行教练知识点的校准和复习

☐ 完成2次团队内部培训（承接年度内训安排表）
  ☐ 2月17日完成《U型思考》课程分享
  ☐ 3月14日完成《情境领导力》课程分享
  注：两次课程时间已与团队预约时间，需要完成PPT课件的升级迭代

制订计划示例——2023 年一季度个人成长计划

3. 要分清"轻重缓急"

在职场中,一个人难免会被各种琐事牵绊,使得自己心烦意乱,总是不能静下心来好好处理一些工作,不仅白白浪费了时间,还没有好结果。对于这些日常工作,我们就需要分一下"轻重缓急",也就是知道每件事的"重要紧急"程度。

根据"我要做的事是否会让我更加接近目标",来确定事务次序的排列。

(1)重要且紧急的,马上去做。

遇到这一类的工作我们要立即去做,不能耽误。比如一个立项会议、一个成本分析会议等。

(2)重要不紧急的,有计划地做。

虽然有些事不紧急,但我们还是要集中精力去做。一旦工作处于饱和后,就会变成"重要且紧急",进而会对我们整体的工作计划

产生不好的影响。

所以,对于这些事,我们要有计划地去做,做好排期,一项一项地完成,并做好记录和总结。

(3)不重要但紧急的,安排别人去做。

职场中,我们要学会借助资源完成工作。

这部分工作,如果只是靠我们自己去完成,可能会力不从心。此时,我们就可以借助身边同事的资源去完成,学会借力,快速拿到结果。

(4)不重要也不紧急的,最好不做。

不重要也不紧急的工作,很多是那些简单重复的工作,如果能避免,最好不做。

4. 做事情要保证效率

工作是有章可循的,我们不能毫无章法地去做,那样只能瞎忙。

麦肯锡的一位高管说:"把一天的工作做好,这对每一个想成就大事的职场人是非常关键的。一个人的工作能力有多强,很大程度上取决于他是否能每时每刻集中精力处理要做的事。"

职场人要打好"高效做事"的基础,因为有了高效,一天、一周、一月、一年的时间安排才会变得可行,好的结果才会慢慢呈现。

如何保证效率呢?

当我们承担多项任务的时候,该如何处理呢?

多个任务之间看似互不关联,其实在本质上还是有相关联的地方的。我们找到这个共同点,尝试把他们连在一起,利用它们之间的关联性一并解决。这样做既减少了重复劳动时间,还可以"一石多鸟",取得好的结果。

(1)及时沟通反馈。

在目标达成的过程中,肯定会遇到各种各样的问题,取得大大小小的阶段性的结果,这时候我们就需要和领导及时沟通反馈。

及时沟通反馈的目的有两个:

一是让领导给我们校验一下工作方向是否正确,这样更有利于我们做事。

二是阶段性的结果呈现可以让领导有安全感,可以看到我们在做什么,有怎样的进展。

还是举一个关于我的例子:

常规情况下,当接到一个任务的时候,我会先静下心来,认真思考这项任务的方方面面。然后,我会在一张 A4 纸上勾勾画画,把思路和想法呈现出来,并且把一些可能有风险和需要别人帮助的地方也写下来,最后去找领导沟通确认。

这时候,领导一般会帮我校验思考方向是否正确,也会给我提出一些建议和提供一些支持。这样一来,我的方向明确了,也争取到了支持。

(2)学会借助资源。

在允许的情况下,我们可以借助更多的、更优质的资源来完成工作,特别是一些具有高挑战值、重大意义的工作。

资源就像池子里的水,每一个职场人都可以取来运用,就看你是否主动。

怎么借助资源?大致分为三步:

第一步：厘清关键需求点。

我们要明白工作中有哪些地方是需要资源支持的，理清楚，写下来。比如是人手不够，还是预算不够，或者是需要专业知识的输入等。

第二步：明确资源池。

我们要明确需要的资源在哪里，这一点对于职场人很关键。如果没有弄明白资源在哪里，我们只能毫无目的地寻找，最后还不一定能找到合适的资源。

第三步：找准决策者。

我们有了需求点，也知道资源在哪里，最后就要找到这个资源的决策者，通过呈现需求点、明确任务价值等多种手段获得资源。

资源决策者一般都是部门负责人，或者是一个环节中的主要负责人。如果我们自己不能快速找到资源决策者，可以借助领导的力量。

4.4　创新性思维，帮你快速实现职场逆袭

有段时间，我的同事小伟看上去忧心忡忡，中午一个人去吃午餐，然后独自出去溜达，或者趴在工位上睡觉。

某天，我拿着水杯去接水的时候路过他的工位，顺道约他一起吃午餐。12:30，我俩结伴去了负一楼的餐厅，各自点了一份午饭，找了一个比较僻静的餐桌坐下。

大家都是熟人，我便开门见山："感觉你最近有心事啊，跟我说

说,我帮你疏导疏导。"

小伟见我直接问他,也就直奔主题:"我们共事两年了,你知道吗? 我今年 30 岁了,算起来已经工作了 8 年。"

我说:"是因为自己 30 岁了有职场危机感吗?"

小伟说:"是啊,主要是因为我已经工作 8 年了,目前还是一个基层执行者,每天按照领导下达的工作指令简单重复地工作。做不完的表格、写不完的方案、开不完的会,这让我感觉自己没有价值,也没有成就感。"

听到这里,我大致明白了小伟的纠结点,是因为工作 8 年了,依然是一个基层执行者,感觉发展无望。

我问他:"你有想过是什么原因吗?"

小伟回答:"可能是因为我太笨,一直对工作不得要领吧。"

我说:"我说得直白一点,是因为你思维的问题。"

"思维的问题?"小伟对我的回答很诧异,但没有接着说话。

"是的,因为我们都是同事,在日常的工作中我经常会观察你。你平时的工作,要么是一遍一遍地筛花名册,要么是把领导下达的工作按部就班执行,然而你的思考在哪里? 你的创新在哪里?"

小伟低着头,看着餐盘里的饭,一直没有说话。

我接着说:"因为你没有用一种自己的思维来向领导证明你除了做执行的工作以外,还可以承担更多。也就是说,你还没有破局。"

小伟问道:"什么思维啊?"

我说:"创新性思维。没有这种思维,别说工作 8 年,就是再工作 8 年,你可能还是一个基层执行者。"

4.4.1 逆袭的"90 后"

和小伟聊完的那个下午,我想到了好朋友阿珂。

阿珂是我 2014 年认识的朋友,他是我见过的运用创新性思维最好的,同时也是职场逆袭最棒的一位好朋友。

2014 年,我刚来北京,在一家 IT 公司工作。

有一天,我在楼道里遇到过来做陌生拜访的阿珂,他精致的穿着和发型吸引了我。阿珂是大学刚毕业,在一家餐饮外卖互联网公司做销售。由于他负责我这个区域的市场拓展,所以这会儿在进行办公楼陌生拜访。

没过几个月,阿珂给我发来消息,说自己已经是这个区域的市场区域负责人了,管理着 20 人的销售队伍。

为什么他这么快就得到了重用?

因为当别的销售员还在进行陌生拜访的时候,他已经建立起了这个区重要办公楼宇的社交群。通过社交群的即时沟通,他快速打开市场,获得客户,也体现了自己的价值。

2019 年的某一天,当我拨通他的电话的时候,他已经是一家智慧厨房互联网公司的合伙人,年薪过百万。

在电话里,我问他为何能变化这么快,他给我的答复是:"我可能总是会比别人多想一点儿。比如别人在做市场的时候,我会兼顾做品牌影响力;别人在一个一个邀约客户的时候,我已经在通过学习 MBA 的课程结交优质资源。"

2014 年—2019 年,短短 5 年,阿珂从一个大学毕业生逆袭

成为一家公司的合伙人。<u>他用创新性思维快速破局,实现了自己的价值。</u>

这两个案例就发生在我身边,两者进行比较,不难看出创新性思维对于职场人的价值。

4.4.2 全面理解创新性思维

作家北野健一曾经说过:"创新性思维所引发的最直接的结果是使现有信息量增值。创新性思维增加了知识的含金量,通过将现有知识进行分解和组合,从而使已有信息发挥出新的功能。"

<u>对于职场人而言,创新性思维可以让已经被我们掌握的知识,比如专业知识、管理知识等,在原有的基础上增值百倍,从而通过这种思维的提升,激发我们对于一件事物更全面、更高维度的思考,最终引导我们做出更具有价值的行动,产生更有影响的结果。</u>

<u>创新性思维具有三个比较明显的特征:</u>

1. 高度灵活性

一般的思考都有既定的思考路径和思考框架,而<u>创新性思维要采用多路径、全方位的信息整合和思路拓展,"千方百计"地思考解决已经发生的问题。也就是说,创新性思维是一种全新的问题解决路径。</u>

2. 极富新颖感

创新性思维的关键就在于创新,而<u>创新就意味着要在思考的维度上、高度上、技巧上有与众不同的地方。创新性思维要突破对以往的思维路径的依赖,学会另辟蹊径,不能一味地模仿别人的思路</u>

模式和行为。

基于上述的"高度灵活性""极富新颖感",我们来看一个例子。

周曦是一家互联网内容创业公司的人力资源高级经理,经验很丰富,但一直未能得到晋升。领导说她的思路有点儿保守,缺乏创新性思维。

在创新性思维的锻炼上,周曦不断地读书、学习,终于在 2020 年有了好的结果呈现。周曦根据 2020 年业务战略,制订人力资源战略规划时发现,如果按照内容事业部的用人规划,新的一年需要增加 20 名编辑和内容运营员工,按照北京市互联网公司的平均薪资水平 2 万元/月计算,一年的人力薪资成本就是 600 万元,这对于一家创业公司而言,压力太大。

周曦结合人力资源专业知识,巧妙运用创新性思维,突破性地提出了极具灵活性和新颖性的"内容专家+实习生"的用工模式。这种模式既可以有效降低用工成本,同时当实习生的产出不符合预期时,还可以及时更换,灵活性极高。

公司一共招聘了 4 个专家,工资为人均 3 万元/月。同时物色了 16 名实习生分别分配给 4 名专家,实习生日薪 100 元,每个月实习 20 天。按照这个模式,公司的年成本是 218.40 万元,相比原先的 600 万元,一下就节省了 381.60 万元,降幅达 63.60%。

因为这个项目,周曦顺利地晋升为人力资源总监,更是得到了领导和业务部门总监的高度赞扬和认可。

3. 具有风险性

创新性的思维活动,往往是在前所未有的领域去探索,是具有不确定性的一种思维,这种不确定性,我们也可以将其理解为

"风险"。

比如,作为一名决策者,运用创新性思维去制订的市场策略,会对最终的结果具有不确定性的导向。这也是为何在做了决策之后,决策者会通过即时的信息捕捉和反馈、应急解决方案的预案等多种方式来降低结果的不确定性。

针对以上创新性思维的三个特点,我依然列举一个关于好友阿珂的例子。

2017 年,阿珂入职某智慧厨房互联网公司担任市场经理。当时公司设置了两个市场部,用以相互之间进行激励,而谁获得优质的高端客户,就决定了谁会胜出。

获取高端客户资源,是阿珂面临的一个极具挑战的问题。并且,阿珂的竞争对手是一个已经具有 20 年市场开拓经验的职场老手,他该怎么做呢?

阿珂在运用常规方式开拓市场的同时,巧妙地抓住了自己在攻读 MBA 学位的机会——他运用自己与同学在线下学习、线上交流、同学聚会的场合,积极地扩大公司的品牌影响力,给自己引流。毫无疑问,阿珂胜出了。

正是阿珂这种高度灵活的策略,让他带领团队一路超越,最终成为 2017 年、2018 年的销售冠军团队。

整个市场策略的思考,就是阿珂创新性思维的运用,过程具有灵活性和新颖感。尽管结果是好的,但阿珂也表示是险招,是具有风险性的。

4.4.3　如何突破思维的桎梏,不断修炼创新性思维

思维定式,就是我们思维的桎梏,是我们已经熟悉的思维模式,

是我们思维的"惰性"。

在职场中,各种工作充斥着我们的生活,我们的时间变得越来越饱和。很多时候,我们会选择采用思维定式来解决问题。但想要让我们的价值最大化,我们就要不断修炼创新性思维。

1. 要明白思维定式的弊端

陷入思维定式的职场人,总会凭感觉、靠经验去解决问题,往往忽略了问题的本质,以及通过创新性思维可以带来的更优质的解决方案和更有价值的结果呈现。

在麦肯锡曾经流传这么一个故事:

有一个警察去打猎,自己悄悄蹲在经常有猎物出现的丛林里。很快,一只野兔从附近的草丛中跑了过来。这位警察敏捷地一跃而起,端着手枪,瞄准兔子,喊道:"不许动,我是警察。"

尽管这只是个笑话,但背后的含义令人深思。思维定式会阻碍人的发散性思维,无法找到更优秀的解决方法。

2. 尝试从不同角度思考

在职场中,我们要考虑的不只是问题本身,还要考虑问题解决方案的方方面面,比如涉及哪些相关人、阶段性的要求是什么、外在环境是否有变化、最终要交付一个怎样的方案等。基于全面的思考,对于每一个点都可以进行多角度的剖析。

比如,一个区域市场出现了较大范围的人才离职,不同的 HRD(人力资源总监)可能会有不同的认知和解决方法。

第一种 HRD,只理解为这就是一个正常的人员离职情况,自己就需动动手指点击一下离职流程办理即可。

第二种 HRD,将离职人员的信息看了一下,分析出这部分员工的薪资水平都比较低,得出离职原因是因为薪资福利问题,于是提出了增加薪资福利的申请,希望通过这个申请来留住人才。

第三种 HRD,不光分析了薪资水平,还关注外部市场的薪资水平,感觉到自己公司的薪资水平并不低,而是外部竞争对手在有意挖角。另外,他还做了组织温度调研,发现该区域的主管领导在对员工的关怀和培养上存在问题,于是制订了区域员工关怀和培养计划,帮助员工找到归属感和提高专业能力。

从上面三种 HRD 的认知和解决方法不难看出,创新性思维让第三种 HRD 有了更多的思考角度,看问题更加全面,定制出的解决方案也更加综合和有效。

3. 学会假设演绎

对于提高创新性思维而言,学会假设演绎非常重要。因为基于已知的信息和数据,做假设演绎是具有一定的科学性和逻辑性的。

麦肯锡的咨询顾问在解决问题时,都会运用"大胆假设,小心推证"的假设演绎方法。每一个假设都是需要验证的一个环节,而非最终的结论。通过后续的推演,不断对前面的假设进行证明,一环紧扣一环,直至得出最合理的结论为止。

我们还是回到上面区域市场出现较大范围人才离职的案例。基于已经发生的人才离职数据,通过对竞争对手待招职位的 mapping 以及离职人员的访谈,我们分析出竞争对手在以 30%~40% 的薪资涨幅对我们进行挖角。

挖角只是一个表象,我们进行大胆的假设:

假设 1:竞争对手接下来会有业务调整,需要快速招募人才以扩充队伍；

假设 2：竞争对手在对我们实施"扰兵之计"。

基于这两个假设，我们进行证据收集和推论演绎。

在后续的信息收集中，我们发现竞争对手在该区域尝试开展新业务，这部分被挖角的员工由于比较熟悉当地市场，能帮他们快速打开局面。

这就是一个"大胆假设，小心推论"的过程，也正是因为这种假设，在我们还未掌握充足的信息之前，就已经能发现可能存在的几类问题，于是可以更好地制订解决方案。

我们每一个人都期待自己可以在职场中熠熠生辉，实现人生的价值，谁都不想一辈子只做一个默默无闻的基层执行者。创新性思维可以帮助我们更加全面、灵活地打开思考的局面，帮助我们拿到更好的结果。我们需要突破自我，踏踏实实修炼创新性思维，实现自己的职场超越。

4.5 抓住工作核心，让职场生活更有成就感

在一次下午茶的时间，我约了品牌部的同事小庄喝咖啡。其间，小庄郁郁寡欢地说自己工作没有成就感。

我挺好奇，小庄被品牌部"美誉"为"救火队员"，他说自己没有成就感，这两者之间是不是有所联系？于是，我问小庄："你现在的工作状态是怎样的？"

小庄说："每天都感觉自己有忙不完的事情，每一件事情都看起来十万火急。比如品牌部新员工要去一线市场实地学习、业务推广

活动文化 VI 的设计创作、业务里程碑节点的视频录制等。我是从早忙到晚。"

我说："这就是你被称为'救火队员'的原因吧?"

小庄说："是的。"

因为我跟他是好朋友,于是我很直接地问道："你感觉'救火队员'这个称号是褒义还是贬义啊?"

小庄犹豫了一下,显然并没有仔细想过这个问题,但还是回答道："我感觉不怎么像褒义吧。"

我说："你有想过你为什么没有成就感吗?"

小庄看着我,说道："我想过,这个问题也困扰我很久了。感觉没有成就感是因为我老是忙着处理那些看起来非常紧急的工作,而忽略了核心工作的聚焦与处理,让我的工作失去了价值感。"

我点点头："是的,你分析得很到位。'救火队员'并不会给你带来成就感,而那些影响巨大的核心工作才会让你的成就感爆棚。"

上面是有关我的同事的真实故事,但引发了我关于"抓住核心工作""职场成就感"的深刻思考。

成就感绝对是职场高频词汇,职场人选择一份职业,不光是为了薪资福利,更多的是为了成就感。

人们总是习惯于遵从自己的第一感觉,习惯于第一时间去处理那些看起来十万火急的事情,而没有去判断这些事情是否真的紧急,从而忽略了对核心工作的处理。这种情况一旦持续发生,就会被冠以"救火队员"的称号,工作也就没有成就感。而一个优秀的职场人,应该学会聚焦核心工作,把它们找出来,予以拆解和执行,最终拿到好的结果。

"救火队员"和"优秀职场人"之间的差距,就在于解决问题思维结构的差异,然后体现在行为的差异,最终体现在结果的不同。

4.5.1　改变思维方式,让你找到核心的思维,回归正轨

职场中多数人都会使用时间"四象限法则",将每天的工作按照重要程度和紧急程度来进行区分。但这仅仅是第一步,因为按照单一模式的思维只是线性思维方式。

什么是"线性思维方式"?

线性思维方式,就是认知停留在事情表面而非本质,是一种单向的、单维度的、缺乏变化的思维方式。其往往忽略了事情的内在逻辑。

要改变这种思维方式,具体可以遵循两个法则:

法则一:倒金字塔思维法则

"倒金字塔思维法则"是根据事情的重要程度来给事情分类,然后按照倒金字塔式的思维路径去给事情下定义、贴标签,并选择具体执行的时间和场景。

"倒金字塔思维法则"的要点,在于思考和做事情的逻辑里不要考虑任何细枝末节的影响因素,只注重重要程度。重要的事情自然要放在第一位,其次才是其他相关的事情。

如何具体运用"倒金字塔思维法则"?

(1)明确最重要的事情。

比如上文中的同事小庄,他的日常工作有用户运营、设计方案、产品相关等,每项工作又都可以分为很多细节工作。小庄就需要根

据当下的业务重点,明确最重要的事情是什么。

(2)归纳分类,排兵布阵。

在和小庄的聊天中,他零零散散地说了很多事情,比如新员工业务学习、VI 设计、视频录制等,想必还会有更多其他工作。这个时候他需要进行归纳分类,将相关的工作归到一类,比如 VI 设计和视频录制是一类,属于产品相关;新员工去业务学习,和业务一线需求反馈可以归到一类,属于跨部门交互类。这样一归类,工作就清晰多了。

(3)掌握工具,视觉体现。

光想明白了还不行,因为人的大脑记忆是有限的,需要通过视觉来提醒自己。我建议使用思维导图来记录,通过各种图形、颜色来标记,让自己的工作更加醒目。

法则二:静止时间法则

什么是"静止时间法则"?

所谓的"静止时间",并不是指这个时间是静止的、是闲置的,而是指你要根据自己的精神状态和任务安排,选择一段不可挪用的时间。

"静止时间"的特点:

(1)相对确定性。

建议控制在 1~2 小时。时间太短,不易支撑任务的完成;时间太长,容易造成精神疲惫,无法聚焦。

(2)因人而异。

根据自己的生理习惯选择,有人早上最为清醒高效,可以将早上作为"静止时间"区;而有人喜欢无人打扰的深夜。这个不一而同,因人而异。

(3)特定指向性。

特定指向性即"静止时间"只为核心工作服务,如果在预留的"静止时间"里去做其他琐事,反倒加大了自己的工作负担。

在运用"静止时间法则"的时候,具体要参考以上三个特点:根据自己的状态,确定一个相对固定的时间,聚焦在核心工作上,高效完成。

举一个关于我写作的例子:

根据我的工作安排,以及生活节奏,我会安排每天的 23:00—01:00 作为写作时间。这两个小时相对确定,并且这段时间只为"写作"而"静止"。

自从有了这个"静止时间",我在处理写作这件核心工作中高效了很多,且取得了不错的成果。

4.5.2　准确定位核心工作,让你的努力有的放矢

通过上面两个法则的使用,我们已经掌握了优秀职场人应该具备的聚焦核心工作和专注解决工作的思维逻辑。但这些只是思维铺垫,还不足以支撑我们具体实操可落地的步骤。

如何准确定位核心工作,具体分为以下三步。

第一步:"MECE 原则",穷尽你的工作项。

俗语说:"一年之计在于春,一日之计在于晨。"职场人每天都习惯做工作计划,而工作计划最常用到的原则就是"MECE 原则"。

什么是"MECE 原则"?

MECE,是 Mutually Exclusive Collectively Exhaustive 的首字母缩

写,意思是相互独立、完全穷尽,即无重复、无遗漏。

如何运用"MECE 原则"？

(1)穷尽。

就拿我某日列的工作计划为例,我打开笔记本,按照"MECE 原则"写下如下工作安排:

①预订周四、周五运营经理竞聘答辩的会议室;

②安排竞聘答辩评委的时间,并制订评审表;

③与竞聘人沟通注意事项;

④准备下周二的《运营人员发展通道》培训课件;

⑤为我的领导准备 Q2 述职报告中组织能力提升部分的基础数据;

⑥中午约新员工一起吃饭;

⑦与运营人员交互,了解他们的培训需求;

……

这一页纸的工作安排,每一项都不重复,且相互之间完全独立。

提示:运用"MECE 原则",可以不分先后,想到哪儿写到哪儿,不遗漏、不重复即可。

(2)归类。

根据每一项工作的时间、地点、相关性综合分析进行归类。于是我拿起笔,写写画画,整理如下:

【晋级安排】

①预订周四、周五运营经理竞聘答辩的会议室;

②安排竞聘答辩评委的时间,并制订评审表;

③与竞聘人沟通注意事项。

【员工培训】

④准备下周二的《运营人员发展通道》课件；

⑦与运营人员交互，了解他们的培训需求。

【业务支持】

⑤为我的领导准备 Q2 述职报告中组织能力提升部分的基础数据。

【其他安排】

⑥中午约新员工一起吃饭；

……

这样归类下来，是不是更加清晰了。

第二步：从核心目标出发，倒推核心工作。

人们常说："赢得好射手美名并非由于他的弓箭，而是由于他的目标。"

目标对于行动和结果都非常重要，同样，对于聚焦核心工作，我们也可以从目标反推回来。

（1）发现核心目标。

比如，公司在年初组织年会的时候，领导说道："今年，公司的目标是努力提高市场占有率和提升组织能力。"

从公司战略来看，我们的最终极目标就是"提高市场占有率"和"提升组织能力"。对于运营团队的员工而言，我的目标就是在部门内打造可以帮助业务提高市场占有率和提升团队组织能力的氛围和制订具有可执行性的方案。

注意：发现自己核心工作目标的小技巧。

从公司战略中提取总目标,然后落到部门的策略目标,最后落实到个人,就是自己的核心目标。

(2)倒推核心工作。

有了相对明确的核心目标,便可以开始进行核心工作的倒推。

比如目标:提升组织能力。

对于组织能力,我们可以从"员工思维""员工能力""员工考核"三个维度展开,那我就从这三个维度入手,倒推工作进度。

①员工思维。

a. 通过对文化体系的打造、文化氛围的营造,让员工思维更加活跃;

b. 建立荣誉体系,激发员工的创新性思维,鼓励先进;

c. 建立文化品牌,进行有效宣传,形成二次文化传播。

②员工能力。

a. 和培训组联合,对业务能力进行人才盘点;

b. 结合岗位职责,对培训需求进行调研;

c. 组织相关培训。

③员工考核。

a. 建立绩效管理机制,给管理者提供绩效管理抓手;

b. 建立述职、复盘会议制度,保障重要会议有产出。

(3)聚焦核心工作。

有了上一步的操作,工作细节已经梳理出来了,这一步就要根据时间、成本、人力等限制因素,进行核心工作的聚焦。

比如,通过分析发现,目前业务处于快速发展期,员工能力的培养以及绩效管理需要放到首位,于是我最重要的核心工作就是"员工能力"的内容和"员工考核"中的"建立绩效管理机制,给管理者提供绩效管理抓手"。

第三步:杜绝闭门造车,让领导成为你的资源。

任何一种判定方式和思考路径都有局限性,如果我们闭门造车,就会让这种错误永久存在。我们需要借助领导这个资源,让他帮助我们更加高效、更加准确地抓住核心工作。

每个人对于自己核心工作的认知也有不同,不能只顾自己开心就好,一定要和业务领导进行交互,来校对自己的核心工作是否正确。

比如我的做法:

利用季度述职和业务大区经理见面的时间,带着我的核心工作找他沟通。

我会主动提 3 个问题:

(1)你觉得现阶段业务的核心目标是什么?

提问目的:从业务的视角看业务本身,明确业务目标。

(2)基于业务的核心目标,你觉得我们部门的核心工作是什么?

提问目的:从业务的视角看部门,明确组织/部门目标。

(3)你认为我个人的核心工作应该是什么?

提问目的:从业务的视角看自己,明确我自己的核心工作。

这里的提问并不是我们自己懒得去想,而是通过业务领导的回答,来和自己心中的答案进行校对,如果发生偏差,自己就去找出偏差的原因,然后再和业务领导沟通。

职场人的目标,最终是要支持公司业务的发展和策略的落地,所以和业务领导进行核心工作的沟通是非常必要的。

有效运用"领导"这个"资源",让你事半功倍。

隋朝文学家王通在《中说·周公》中写道:"通其变,天下无弊法;执其方,天下无善教。"正如古人所言,在抓住核心工作这件事上,我们既要有法可依、有章可循,也要灵活变通、改变思维,这样职场中的你才会赢得满满的成就感。

第5章
高效学习方法论

5.1　做好精力管理，让你的忙碌更有价值

　　每次谈及高效完成工作的话题，很多人的第一反应就是"时间管理"，即把自己的时间切分成若干段，每一段都被安排上特定的工作内容，如果一旦完成不了，就占用休息时间来完成。

　　今天和任何一天都一样，只有 24 个小时。人们所能想到的"时间管理"，实际上是试图通过时间切分来实现在更少的时间内完成更多工作的目的。而实现这一点的真正秘诀，不是无限制地细分时间段，而是将你的精力最大化。

　　你知道吗？素有"提神饮料"之称的红牛，在我国的年销售额达 230 亿元，人们一年要喝掉几十亿灌红牛，为什么？这种饮料并不能延长每一天的时间，也无法让人们更好地做时间管理。人们通过它，是想让自己的精力更加充沛，让精力管理的效果最大化。

　　反观很多职场人，包括我在内，几乎每天都要从早上 8:00 忙到晚上 21:00，算起来整整要工作 12 个小时。

　　是我们不会做时间管理吗？不是，我们每天用"四象限法则"

将工作安排得明明白白;是我们工作效率不高吗? 好像也不是,我们每一分钟都忙忙碌碌,看起来总是忙个不停。我们真正缺乏的是精力管理的意识,缺乏的是将精力管理效果最大化的能力和自我要求。精力管理,才是让我们 6 个小时完成 12 个小时工作的真正秘诀。

5.1.1 是什么破坏了你的精力管理,让你成为"加班狂魔"

看到精力管理,很多人会质疑:"我精力管理得很好啊,什么时间做什么事情,我安排得妥妥当当的。"

每天、每周的工作计划,我们确实安排得很好,但"安排妥帖 ≠ 好的精力管理",因为总会有各种情况破坏我们有序的精力管理,让我们牺牲生活时间,成为"加班狂魔"。

总结起来,破坏我们的精力管理的情况有以下三种。

1. 混淆"时间管理"和"精力管理"概念

在了解"时间管理"之前,我们先剖析一下"时间"的概念。"时间"分为物理时间和生理时间。其中,物理时间是指通过科技产物(钟表、计时器等工具)所体现出来的时间,以时、分、秒为计量单位;生理时间是指人对于时间的生理感知,比如快乐时刻你会感觉时间很快,痛苦时刻你会感觉时间很漫长。

时间管理是以时间为单位来计量工作的产出的,比如一个小时写完多少份方案、做多少决策等;精力管理是以精力为单位来衡量工作成果的,精力越集中,工作产出就会越高效。

时间管理和精力管理并非全无关联,精力管理越好,时间管理也就越好;然而,时间管理好,精力管理却不见得一定好。

2. 重复忙碌，让精力效率变得低下

麻省理工学院计算机博士卡尔·纽波特在《深度工作》中提到一个令人震惊的事实：我们这些脑力劳动者 60% 以上的工作时间都花费在打电话、回邮件、群聊沟通等"低效工作"上。更可怕的是，还有很多人在这种"低效工作"上重复忙碌，工作效率低下也就成为必然。

通过我对身边经常加班的同事的观察，有不少同事是因为在和领导确认工作时，没有一次性弄明白领导的意图，或者在工作推进中没有及时沟通与反馈，导致不断返工。或者反反复复在确认邮件，和群里的同事对一件事沟通多次，这都属于重复忙碌。这种重复的劳动，必然会导致加班，时间久了自己也会感到非常疲惫。

3. "最小阻力"，让你的精力支离破碎

卡尔·纽波特博士还提到了一个非常关键的概念："最小阻力原则"。

什么是"最小阻力原则"？

简单概括，就是人的大脑总是喜欢干容易的事。比如回复一条弹窗信息、批复一个新收到的邮件、参加一个气氛愉快的短会等。这种"最小阻力"恰恰成为精力管理最大的敌人。因为频繁切换思维，精力来回穿梭于重要工作和零碎小事之间，精力就被分的支离破碎，工作产出自然也就没有保障。

正是因为以上三个问题的存在，我们原本好好的工作计划，最后被破坏得体无完肤，只能靠熬夜、靠周末加班来弥补。不觉之间，自己就变成了我们不喜欢的"加班狂魔"。

5.1.2　6 个小时完成 12 个小时的工作，具体应该怎么做

1. 凡事只做一次，立即采取行动

那些职场成功人士，几乎对遇到的所有问题都会立即行动。他们知道做事要想高效，就要花最少的时间和精力处理事情。

简而言之，他们遵循的就是"凡事只做一次，立即采取行动"的做事原则。

下面是我如何运用"凡事只做一次，立即采取行动"的原则处理事情的案例。

案例 1：高效处理邮件，不让邮件堆积如山吞食我的精力。

我作为公司全国业务的人力资源管理者，每天都会收到来自业务部和人力资源团队内部的各种邮件，有近 100 多份。

每天 20:00，我会立即行动，处理当天的邮件，争取在 25 分钟之内将所有邮件处理完毕。对于一些需要做综合决策的邮件，我会整理成为代办事项，进行重点标记。

一天只处理一次，且每次都立即行动，快速解决。

案例 2：高效日历安排，不要因为大脑超载遗漏工作。

工作中难免会有很多突发的待办事项，无论你身在何时何地，一定不要过于相信自己的记忆力。因为每天的琐事太多，难免会有遗漏。有此类情况时，我会立即行动，进行日历安排，将待办事项记录下来，并安排好轻重缓急。建议使用手机端和电脑端可以同步更新的日历软件，这样你随时随地的记录都可以得到有效的汇总。

日历安排并非一天只做一次，而是一次就要把相关的信息都补

充完成,不用为了一个日程的安排反反复复地做记录。这样一个"凡事只做一次,立即采取行动"的习惯,每天都可以帮你节省大量时间,让你释放更多的精力。

2. 掌握技巧,学做"懒人"

这里我们要成为的"懒人",不是性格、品行上的懒惰之人,而是能够有技巧、有方法地处理工作的人,这个"懒"是一种做好精力管理后的怡然自得。

我曾经看过"一个'懒人'被公司评为最佳程序员"的故事。

汤姆,一名 40 岁的中年男子,是公司编程速度和质量都很高的程序员,一直享有"最会编程的人"的美誉,自然也就被评为公司最佳程序员。

有一天,领导忽然发现汤姆是一个"懒人",因为汤姆早上 10 点到公司上班,一整个上午都在浏览新闻网页。午餐后他会在公司的休息室小憩一会儿,下午同样是喝喝咖啡、聊聊天,只在临下班的几个小时内做一些编程工作。领导通过观察,发现汤姆几乎天天如此。

领导在和汤姆做了一次深度访谈后,他才明白汤姆是通过三个技巧让自己的精力得到解放,不再靠加班拿到结果。那么是哪三个技巧呢?

(1)适度放弃。

这个技巧是要明确:"我可以放下哪些工作? 什么事情我可以完全不用做?"

以上案例中的汤姆,在日常工作中放弃了很多不必要的需求沟通会议,因为这些会议对于研发根本没有什么价值,只会徒增自己的工作时长。

在实际职场中也是如此,比如有时候一些可参加可不参加的会议,我出于"礼貌"我还是去参加了,整个会议完全没有我什么事情。由于我的没有放弃,一个会议可能会打乱我整天的计划。

(2)懂得分派。

这个技巧是要明确:"哪些工作我可以分派给下属去完成? 哪些工作我可以通过别人拿结果?"

从人的本性而言,人在忙碌的时候,会感到有安全感,有时候还感觉自己很重要。就如尽管有一些会议完全可以委派别人去参加,但自己还是要亲临现场。

高绩效的团队管理者必备的一项技能就是授权,也就是分派,他们会将一部分工作分派给合适的下属员工,然后进行必要的辅导和激励,最终拿到目标。而不善于做分派的管理者,往往会因为所有的工作都要亲力亲为,最终导致团队成员缺乏成就感,自己也干得非常累。

下面,让我们来看看不懂分派的管理者是怎么把自己累惨的:

我有一个做设计的朋友王丽,通过自己 6 年多的努力,成为一家网约车公司的设计经理,下属共 5 个人。

在互联网公司,5 个人的团队已经算是不小的团队,如果成员能够配合好,团队可以拿到不错的业绩产出。但王丽的团队却几乎四分五裂,她自己也累到崩溃。

当接到产品部门的设计需求后,王丽会先自己事无巨细地拆解目标,拟定实现路径,遇到一些较难的设计问题时,她自己熬到深夜想设计思路,丝毫没有想到自己身后还有一支团队。

当下属反馈工作比较多时，王丽会"好心"地将下属的部分工作拿回来自己做。当临近交付日期时，她不去组织团队一起攻坚，而是自己亲力亲为、大包大揽，试图通过自己的努力扭转局势。

有一次王丽找我哭诉，说自己的团队人心不齐，没有成就感，各个都喊着要离职，而她自己也累得够呛。

王丽就是不懂得分派任务，不懂得授权，不懂得运用好团队的力量和智慧。如果她能扭转思路，做好分派和授权，对团队和自己都会有很大的成长。

（3）反思迭代工作方式。

这个技巧是要明确："哪些工作我可以换一个更节省精力的方法来完成？"

通过自己"适度放弃""懂得分派""反思迭代工作方式"三个技巧，让自己"变懒"，并提升自己的精力管理。

3. 适度自我封闭，提高专注效率

很多时候，职场人都在倡导"开放"，其实适度的封闭却可以快速提高专注效率，在短时间内取得更多的结果。简单讲就是短期封闭式的集中办公模式。这一模式经常应用于互联网企业的产品开发阶段，以效率高、沟通便捷著称。这种适度封闭的集中办公模式，对于个人和团队都是适用的。

（1）对于个人。

适度自我封闭是我经常用的提高效率的工作方式。

上个月我接手业务一线夏季激励赛的项目，在进行了必要的信息沟通和反馈后，我决定采用这种自我封闭式的办公来快速产出方案。

①明确目标,两个小时快速交付激励赛方案。

②我找了一个既有白板又有投影仪的会议室。白板可以让我进行自我头脑风暴,通过"MECE 模式"将自己的思路无限拓展;投影仪用来在呈现方案时进行自我检验。

③在两个小时内,关闭通信设备,实现自我封闭,通过头脑风暴、归纳和整理,最终高效交付方案。

(2)对于团队。

我们的工作自然不可能都是自己独立完成,必要的团队协作是难免的。

在去年 6 月份,我带领团队做半年度人才盘点。如果各自在工位上,沟通不方便,且来来回回的人员容易打断我们的思路,于是我决定采用适度封闭法。

①明确目标,一个下午 4 个小时做好半年度人才盘点的方案。

②同样找了一个有白板和投影仪的会议室。白板用于我给团队成员讲解逻辑和板书要点,便于他们理解;投影仪用于让每个成员呈现自己的方案,更加可视化。

③4 个小时,适度减少与外部通信,高效完成方案的归纳和整理。

注意:

①立即行动比什么都重要,可以节省大量时间。

②学会使用白板,很多人习惯用电脑思维导图,在实际工作中白板更加实用,因为你可以随时修改,体现逻辑。

③适度关闭通信设备,现在的我们,如果在 30 分钟不看看手机,都会有一种缺失感。适度关闭通信设备,可以使我们更加高效

地完成工作。

这就是"6 个小时完成 12 个小时工作的真正秘诀",简单、实用,从此不再加班。

5.2 "上帝视角法",足不出户快人一步

在一档电视节目——《奇葩说》第 6 季中,曾经有一个辩题是"喜欢的工作总是'996',我该不该'886(拜拜了)'"。该辩题极具话题性和社会性,甚至我在午餐的时候都能听到几个同事在讨论"996"的问题。

作为一名职业规划师,在面对想从"996"中摆脱出来的职场人时,我想跟大家说:

"'996'的出现或摆脱,并不是你我所能决定的;身边有无数人会选择'996',他们会奋不顾身,这种压力必然使你无法超越。"

5.2.1 从月薪 800 元到年薪 80 万元,多年的工作经验总结:"上帝视角法"

曾经有毕业生向我咨询:"有没有那种毕业后不用太努力就可以赚很多钱的工作啊?"

我说:"有。"毕业生惊讶地看着我,迫不及待地问:"什么工作啊?"

我说:"做梦。"

一晃眼已经工作了 10 年,从刚开始的艰苦生活,一个月只赚800 元(试用期是 640 元),到现在算是有所改观,能在北京实现年薪 80 万元。

这 10 年,我的工作都是"996",每天一睁眼就想着工作,甚至在我陪产假期间的晚上,媳妇和孩子都睡着了,我还在楼道里噼里啪啦地敲着键盘忙工作。

"996"确实是让我的时间变得越来越少,却也让我总结出一套高效学习的心法:"上帝视角法"。

"上帝视角"是叙述视角中第三人称视角的别称。第三人称叙述者如同无所不知的"上帝",能够以非现实的方式不受限制地描述任何事物。

你可以想象自己站在非常高的空间里,俯视一切,里面的框架、脉络、逻辑、细节都一览无余。高效学习中的"上帝视角法",就是将自己经历或者未经历的事件、项目、工作、学习案例等,以第三人称视角的方式高度重新演绎,对于其中你感觉不符合逻辑的地方,可以重新编排,直到你感觉非常符合逻辑且有条理,并从中复盘出经验的学习方法。

善学者,假人之长以补其短。那么掌握"上帝视角法"有哪些好处呢?

(1)节省时间。

(2)不受时间、地点限制。

以前我经常在公交车上不断重新排列组合各种案例,让方案不断优化。

(3)锻炼大脑。

这种方法是一种深度思考的学习方法,在一遍一遍地演绎中,大脑得到不断的锻炼,思考能力得到提升。

5.2.2　足不出户的高效学习方法，快人一步

第一步：适度封闭。

我们的很多工作场景都是相对开放的，需要与其他人协同。但从我个人的工作经验而言，有时候适度的封闭反而会提高工作效率。比如，"上帝视角法"就需要一种适度封闭式的时间和空间。由于这种学习方法的随机性，所以除非你要刻意进行"上帝视角"，那么很多时候都是自然而然的封闭。

我每个月大约有 20 天的时间要出差，有很多时间是在飞机、高铁、出租车上度过的，这些时间段内不方便用计算机办公，我索性就用"上帝视角法"演绎很多项目，进行"头脑风暴"和复盘。

有时候，你称之为的"发呆"，我更愿意称其为"有目的地发呆"。

第二步：确定主题。

找到合适的封闭空间后，就需要确定一个"上帝视角"的主题了。主题大致可以分为如下三类。

（1）纯演绎类。

顾名思义，就是这件事自己完全没有经历和参与过，要靠自己的脑力去演绎。需要注意的是，演绎不是胡编乱造，是要符合客观的工作经验和场景的，是要符合岗位逻辑的。

（2）部分经历类。

部分经历又称为参与过、看见过。就是这部分工作/项目自己并未承担最主要的责任，或者只是看见别人做过。

（3）主要负责类。

主要负责类是指在这项工作或项目中，自己是主要负责人，亲

自指导了整个项目的策划,直到落地。

第三步:"电影式"回顾。

"电影式"回顾即在大脑中,对已经确定了的主题,就像看电影一样,把原先已经经历过或者你主要负责的事情回顾一下。在回顾的过程中一定要讲究逻辑,不能过度陷入细节中。

回顾过程可以按照"总分总原则":

(1)总:回顾可以先分为几个大的步骤;

(2)分:根据每个大的步骤,层层递进回顾其中的细节;

(3)总:在回顾的最后须做一个总结,并给出一个总的结论。

第四步:上帝视角演绎。

针对每一个不同的主题,我们可以采用不同的演绎方法。

(1)纯演绎类。

假设你要去应聘一家互联网公司的产品经理,而你现在从事的是市场营销工作,两者的要求差距确实有点儿大。那你就需要根据对方的招聘需求,一一对应自己的短板,然后进行演绎,模拟自己实打实地经历过一款产品的需求调研、调研分析、产品研发、上线、运营、复盘等全流程。

再次重申:纯演绎不是胡编乱造,是要符合客观的工作经验和场景,且符合岗位逻辑。

(2)部分经历类。

我的同事最近在策划一场销售经理复盘会,从该复盘会的策划到最后的执行,我都有参与,但并没有起到太多的主导作用。为了强化我在这一方面的经验值,于是我用"上帝视角法"重新演绎,在脑子中模拟"如果是我,该怎么办"。

这个过程其实就是把自己放到了"上帝的视角",然后去找到问题点,不断去优化的过程。

虽然我没有真的去负责,但是通过演绎一遍,我也大致了解了其中有哪些重要的环节和问题,在未来也可以作为项目经验去使用。

(3)主要负责类。

这一类的案例因为是自己亲身经历和指导的,所以对其中的很多的逻辑和框架以及细节把控得都会比较到位。

假设你负责了一个周年庆活动,等活动结束之后,你可以找一个相对安静的时间和空间,把自己认为可以做得更好的地方记录下来,然后在脑子里重新演绎一遍。

第五步:自我复盘与输出。

前面所有的步骤都是最后一步的铺垫。"上帝视角法"的核心目的是要总结出经验、总结出方法论,然后促进未来的工作。

前面更多的可能是在想象中演绎,这一步必须要把实际的总结记录下来。记录的方法有以下几种:

(1)思维导图,即采用脑图的形式把一些关键点和整个流程记录下来。

(2)康奈尔笔记,即把里边自己想到的重要的点,通过这种笔记的方式记录,并且在回顾的时候更容易进行深度思考。

(3)讲述法,即可以把自己重新演绎的项目流程给别人讲一讲,然后让别人进行提问和再次总结,这将对你的能力提升非常有帮助。

总之,"上帝视角法",是可以让我们在认知层面提升学习能力的好方法。

5.3 20 个小时学会一项技能，你也可以掌握

几乎每年 6 月 30 日到 7 月 1 日，一到上半年和下半年的交替之时，很多人都会在朋友圈发出感慨：

"一年时间已过半，自己的学习计划却没有过半。

"上半年一晃而过，下半年我们重新开始。

"我这一颗热爱学习的心的脉搏，远远跟不上时钟嘀嗒的节奏。"

用了这么多华丽的词语，总结起来就一句话：自己的学习计划没有完成。

人人都在给自己制订学习计划，哪怕完成不了也要定出来，为什么？因为每个人既渴望学习成长，又担心自己说出的是一句空话。

如果问及如何才能掌握一门知识，很多人都会脱口而出："10 000小时定律。"

"10 000 小时定律"是作家马尔科姆·格拉德威尔提出的定律，他曾讲道："人们眼中的天才之所以卓越非凡，并非天资超人一等，而是付出了持续不断的努力。10 000 小时的锤炼是任何人从平凡变成世界级大师的必要条件。"

如果想要成为某个领域的专家，需要 10 000 小时的历练，按比例计算就是：每天工作 8 小时，一周工作 5 天，成为专家至少需要5 年。

曾经,我问一个非常上进的朋友:"如果让你尝试 10 000 小时的锤炼,最终成为一个领域的专家,你能接受吗?"

朋友回答得很直接,也很坦诚:"接受不了,一是因为我无法每天投入 8 个小时专注于一个领域的学习;二是我还要陪孩子、陪爱人,忙活各种看似微不足道但很重要的事情。"

是的,他的回答代表了绝大多数职场人的心声。

"一万小时定律"往往运用于专业技能的提升,比如高尔夫球技能、射击、围棋、钢琴演奏等,是一个从"学会"到"进阶"的过程。而职场人更多的是要快速掌握一项技能(比如 Excel 练习、PPT 制作)、了解一个行业的核心逻辑,是从"不会"到"学会"的阶段。两种场景中学习对象以及应用场景不同,所以,我们不用恐惧 10 000 个小时的漫长,因为对于我们而言,20 个小时就可以快速掌握任何行业 80% 的核心逻辑。

5.3.1 费曼技巧:高效学习的核心技能

"费曼技巧"是由美籍犹太裔物理学家理查德·菲利普斯·费曼提出的一种高效学习法则。

关于"费曼技巧",曾经有一个故事:

费曼在普林斯顿大学攻读物理学博士时,公开挑战数学系博士。他告知对方,如果对方能够用费曼听得懂的语言告诉他任何一个理论,包括前提假设是什么、定理是什么,他就可以马上告诉对方该理论是否正确。

起初,数学系博士并不相信,在通过多轮验证之后,费曼总是可以准确判断出理论正确与否,这让在场的学生都叹为观止。

后来,人们把费曼的学习技巧加以总结,就形成了现在的"费曼技巧"。

"费曼技巧"的核心在于:将学习到的东西加以内化整理,然后以一种易懂的方式输出,别人越容易理解,就说明内化掌握得越好。

比如理解一组业务概念,起初理解的只是字面概念和计算公式,通过层层递进,透视概念的内在逻辑,看到了概念的全景,最终也就达到了"费曼技巧"所要求的标准。

如果用古人的诗句来形容,"横看成岭侧成峰,远近高低各不同",这是对概念的浅层次理解;"会当凌绝顶,一览众山小",则达到了"费曼技巧"所要求的标准。

基于"费曼技巧"的高效学习法,我们应该如何去做?

5.3.2　20 个小时,快速学会任何行业核心逻辑的四个步骤

第一步:明确目标,大量泛读。

在一般情况下,人们要学习一门新知识,或者掌握一个行业的核心技能,多半会从网上搜集大量的资料,或者买一堆书籍,然后做好"持久战"的准备。由于我们从小就养成了逐字逐句的阅读习惯,加上这种"持久战"的心理准备,我们开始制订如下学习计划。一本书共计 400 页,计划用 30 天的时间读完,于是推断出每天阅读 13 页的学习计划。

这个计划看似很完美,其实大错特错。

社会高速发展,职场人需要快速掌握知识。如果再用墨守成规的"公式计算"式的学习方式,显然已经落后了。

如果我明确了要学习新零售的知识,掌握物流行业的核心逻辑

的目标,我会通过关键词搜索,找到比较经典的书籍作为本次学习的资料。通过对比之后,我选择了《NEXT 独角兽》和《互联网+物流》两本书。

就要开始泛读了。下面是我进行泛读时的三个要点。

(1)5 分钟阅读自序,10 分钟阅读目录。

很多人没有阅读自序的习惯,感觉自序就是作者的自言自语,没有太多知识含量。其实不然,自序往往是作者起心动念写这本书的背景,通过阅读自序,你可以快速掌握这本书背后的故事,有些地方甚至可以引发共鸣。

阅读目录可以帮助你掌握整本书的框架逻辑,从中还会发现自己的痛点,而这个痛点就是自己接下来要重点学习的地方。

(2)100 分钟进行泛读。

作者为了让自己的作品更加丰满,会使用大量的案例、故事作为论据,甚至在语言的表达上采用多种定语来修饰。

进行泛读,就是要跨过案例、故事、修饰语,直奔作者的核心观点。书籍中,作者的核心观点往往用来作为标题,或者放在段落的前几句。

(3)35 分钟简单回顾。

重点记录自己在泛读过程中的难点、困惑、问题和想法。

很多人读书,舍不得在书上写写画画,总想把书读完了还是崭新如初,这是学习的大忌。因为在学习的过程中,我们的很多想法都是稍纵即逝,如果不能立刻记下来,就可能永远忘记了。将这些想法记录在书上,是最直接、最高效的方法。

第二步:框架思维,建立模型。

通过泛读之后,大脑中存储了大量的信息,这些信息都是独立的、零碎的、关联性较弱的。我们要通过框架思维,将这些信息连接起来。框架思维,就是将碎片化的信息点加以连接,形成具有立体感的信息链的思维。

可以找一个相对集中的时间段,快速搭建核心逻辑模型。具体应该怎么做呢?这里我建议使用 A3 空白纸进行手写,因为手写让你记忆深刻,能带来较好的宏观感知。而计算机的思维导图在此处不建议使用。

(1)先在 A3 纸上将重要的概念、定义、公式写下来。刚开始不用考虑美观度,可大胆地写。

(2)通过箭头、实线、虚线将之间有关联的信息连接起来。

箭头,代表递进、推导、顺序;

实线,代表直接关系;

虚线,代表间接关系。

(3)进行一些细节信息的补充,比如一些关键点、困惑点的注释等。

通过这一张大图的绘制,整个知识点的框架就呈现出来了(见下页图)。

第三步:咨询专家,突破难点。

泛读和框架模型呈现的过程,就是不断思考和总结的过程。在这个过程中,我们已经标记了很多困惑点和难点,接下来就要找到相关领域的专家进行咨询,帮助我们进行难点突破。

如果一开始就寻找专家咨询,岂不是更省时省力? 话虽正确,但没有框架逻辑模型的呈现和理解,就没有好的问题,也就无法直

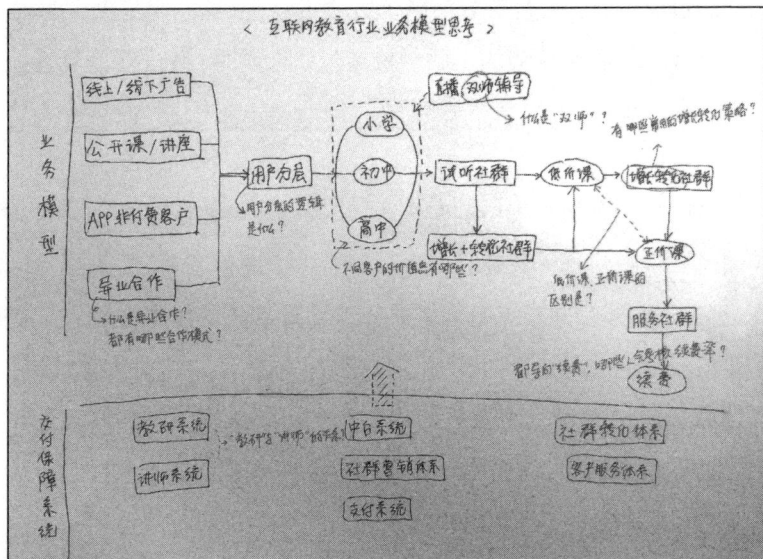

概念串联示例——关于互联网教育行业业务模型的思考

击关键。

在日常工作中,我经常作为行业专家帮助别人答疑解惑,遇到的人基本可以分为两类:

第一类:先提问,然后想着去整理框架逻辑;

第二类:先整理框架逻辑,后提问。

通过对比,第一类人往往没有经过深度思考,提出的问题比较浅显,很难触及问题的本质;而第二类人因为有了前面的整理与思考,提出的问题都具有很高的水准,也更容易触及事情的核心。

具体应该怎么做?

(1)找到行业专家。

专家,就是这个领域比较有建树或者理解比较深刻的人。对我们职场人而言,对业务理解透彻、绩效优异的同事,也可以算是专家。

(2)反复推敲核心难点问题。

提出的问题要保证确实是对自己而言的难点和困惑,在提问之前先多问自己"为什么"。比如学习新零售物流行业的核心逻辑,可以问:

"为什么生鲜平台的瓶颈在于冷链物流?

"为什么广大物流公司都在布局快递柜?"

类似这样的问句,都可以让我们自己有更加深刻的思考,提出一些我们无法解决的问题,也更容易触及问题的本质。

第四步:理解复述,成果内化。

理解复述、成果内化的环节,也是"20 小时快速学习法"最重要的一环。

复述的前提是理解,复述的目的是内化。

复述,就是将我们已经学习到的内容,使用自己的语言、按照自己的思维逻辑重新表达。

具体应该怎么做?

(1)确定复述对象。

这个复述的对象可以是同事、家人,也可以是镜子里的自己。

(2)设立复述主题。

建议以一种严肃认真的态度,告知复述对象今天的主题。比如:"今天我要向你复述的是新零售物流行业的核心逻辑。"一句话概括主题,也就给自己确定了方向。

(3)大胆复述。

依据以往参与复述的经验,前几次的复述要么笑场,要么语言表达断断续续,要么思路会被各种问题打断。这些都不重要,重要的是大胆复述,在复述的过程中记录下自己出现问题的地方。

(4)问题点追溯。

针对复述过程中自己遇到的反思点、不理解的点和别人的提问点,回到泛读环节重新理解,或者在网上查找答案。对于一些自己确实无法解决的问题,再次请教专家。重新理解之后,再进行复述,再理解,如此往复。

注意:"20 小时快速学习法"的时间分布。

(1)明确目标,大量泛读:10 分钟阅读自序,30 分钟阅读目录,200 分钟泛读,60 分钟回顾,小计 5 个小时;

(2)框架思维,建立模型:180 分钟呈现模型和反复推敲,小计 3 个小时;

(3)咨询专家,突破难点:120 分钟重、难点提问和交互,小计 2 个小时;

(4)理解复述,成果内化:600 分钟反复内化,理解复述,小计 10 个小时。

合计 20 个小时。

正如爱尔兰剧作家萧伯纳所言:"行动是通往知识的唯一途径。"行动起来,通过 20 个小时的学习,快速提升我们的职场竞争力,实现自我价值。

5.4 掌握读书的正确方法,通过读书实现逆袭

"读万卷书,不如行万里路",想必你也听过这句话,意思是告

诚我们"读书再多也要结合行动和实践,不要死读书、读死书"。

偶然间,我在一个社交网站看到这样一个帖子:"年轻的时候是多读书好,还是多出去走走好?"很显然,这位提问者想着读书可以增长自己的知识,出去走走可以增加自己的见识,在两者之间有点难以抉择。

我大致翻阅了十几篇网友的回复,95%的人都是"劝导"这位提问者要多读书,更有甚者还做了思维导图,用洋洋洒洒数千字来比较"多读书"和"出去玩"的利弊,也可谓用心良苦。

什么是"行万里路"?

明代地理学家徐霞客酷爱游历,志在四方。"达人所之未达,探人所之未知",所到之处,探幽寻秘,在短短数年内游遍了名山大川,留下中国古代著名地理文献《徐霞客游记》,成为中国地理学著作中的一颗明珠。

曾经有一档非常火的户外真人秀节目《侣行》,节目中的张昕宇、梁红夫妇游历世界各国,通过视频为我们展示了一个个真实世界的画面。他们真的是在用脚步丈量世界,用行动突破认知。

5.4.1　我们为什么要读书

你是不是也有这样的经历:

刚上小学时,妈妈会抚摸着你的脑袋说:"一定要好好读书,长大了才有出息。"

刚上高中时,班主任会语重心长地说:"一定要好好读书,才能考上好大学。"

刚上大学时,辅导员说:"一定要好好读书,毕业了才能找到好工作。"

尽管每个人说话的场景不一样,但核心都是一致的:要好好读书。

莎士比亚说:"生活里没有书籍,就好像没有阳光;智慧里没有书籍,就好像鸟儿没有翅膀。"

在这句话中,将书籍比作与我们生活息息相关的阳光,比作小鸟的翅膀,寓意如果不读书,我们就没有希望,不能飞翔。

心理学家马斯洛将人类的需求分为了 5 个层次。

第一层次:生理需求,就是人为了活下来所需要的最基本的需求,比如空气、水、食物等。

第二层次:安全需求,就是人在满足了基本的生存需求后,进而产生了安全保障的需求,比如群居。

第三层次:社交需求,基于情感和归属的需要,需要建立人际关系的需求,比如婚姻、交朋友等。

第四层次:尊重需求,人人都渴望得到社会的认可,受到尊重。

第五层次:自我实现,这也是马斯洛原理的最高需求,是指人实现理想、抱负和个人价值。

底层的生理、安全等需求,可以通过外部条件加以实现,而逐渐升高的社交、尊重、自我实现的需求,往往仅靠外部条件是很难实现的,这就需要一把开启的钥匙。这把钥匙,对于我们普通职场人来说,就是读书。

我们无法像古人一样通过游历四方、著书留名的方式来实现自己的价值,我们也无法像《侣行》中的张昕宇和梁红一样出去走遍世界,因为我们还要工作,还要养家糊口。但是,我们却可以在书中遨游知识的海洋,提升我们的世界观和价值观。

读书的意义:

(1)可以帮助我们进行优质社交。

物以类聚,人以群分,爱读书的人总能找到共同的兴趣点。

我有个同事,他因为热爱读书,就参加了一个读书会,在读书会的现场结交了很多读书爱好者。他们每个月都会组织读书交流会,用以相互分享读书的心得。正是因为读书,他的人际资源比一般人要广、优质。

(2)可以帮助我们获得外部尊重。

热爱读书的人往往知识比较渊博,出口成章。这样的人在各种场合都能旁征博引,侃侃而谈,赢得别人的尊重。

比如我身边的一个领导,每次在开业务沟通会的时候,大家都很期待他的分享。因为从六西格玛管理法到麦肯锡问题解决思维,再到管理的艺术,每次他都能信手拈来,让我们受益匪浅,自然他也成为我们最尊敬的领导之一。

(3)可以帮助我们快速地实现自我价值。

读书不是目的,通过读书解决问题才是目的。

在读书的过程中,我们掌握了深度思考的逻辑,学会了问题拆解的方法,并在工作中加以运用,且更容易拿到好的结果,从而得到领导的认可。这也从另一个侧面证明了:读书,可以让我们更快地实现自我价值。

5.4.2 书该怎么读才是真读书? 掌握读书的正确方法

职场如战场,不进则退。在这样的竞争环境下,每个人的时间变得越来越有限,越来越宝贵。在有限的时间内高效地读书,才是我们读书的正确方法。

1. 有速度地读书,快速吸收

每天我们都要接触数以万计的信息,快速的信息处理能力是职场人必备的技能之一。读书亦然。

我们现在读书,不能像备战高考时逐字逐句地阅读,那样效率太低,也会影响我们读书的信心。

要快速地阅读,具体要怎么做?

(1)快速浏览目录。比如我打开一本《聪明人是如何思考的》,发现其中的"第 4 章 聪明人是怎么解决问题的""第 6 章 聪明人是怎么学习的",对于当下的我特别重要。

(2)快速锁定关键词。比如在"聪明人是怎么思考的"一章中,关键词是善于提出问题、运用分析框架、头脑风暴等,这些关键词就串联成了我的阅读链条。

(3)场景联想。基于刚才快速阅读获得的信息,快速联想自己在工作中有哪些具体的实际场景,在头脑中进行反思和对照。

2. 有重点地读书,形成知识体系

阅读的目的,是要在脑海中形成自己的知识体系,然后基于这样的知识体系再去指导我们的实践。比如我们要形成关于人力资源管理、财会、项目管理等各种类型的知识体系(因为每一种知识体系都是我们未来在职场中成就事业的基础)。

更高效地形成知识体系,就要有重点地读书:

(1)明确要重点形成的知识体系是什么,要解决什么问题。

比如做一个项目,涉及多个部门之间的协同,以及各种"里程碑"节点的管理。为了拿到不错的项目结果,就可以做重点阅读,对项目管理形成知识体系。

(2)寻找经典书籍。

阅读并不是越多越好,而是越精准越好。选择好书之后,就可以制订读书计划了。

(3)学以致用。

读了、学了,不用等于没学。

比如在学习了部分项目管理的知识后,要在日常工作中加以运用,努力按照书中讲到的知识点进行实践,不断反思和总结。

3. 多形式读书,碎片化学习

网上很多人在质疑碎片化学习到底有没有用,基于多年来的经验,我可以肯定地说有用。

(1)听书。

现在市面上有很多可以听书的 App,那我们可以侧重订阅一些书籍,在环境不允许阅读的情况下进行听书。

听书也要讲究方法:不能漫无目的地听,因为那样不容易形成体系;该快进的地方要快进,懂得听重点。

(2)阅读干货文章。

身边的很多朋友都说自己读书效率低,好几个月都读不完一本书。对于这样的情况,可以运用碎片化的时间阅读干货文章。

干货文章的好处就在于高度凝练和总结,几千字就概括了一本书的精华。

比如你看好一本书,可以在网络上搜索相关的关键词,就会涌现出非常多的干货文章,从中挑选几篇自己感觉不错的认真阅读。

阅读干货文章也是我经常运用的方式。

高尔基说："书籍是人类进步的阶梯。"

这样的阶梯就放在我们的办公桌上，就摆在我们的书架上，只要我们主动一点儿，从喜欢的那本书开始读起，慢慢地，你就会发现自己爱上了阅读，看到了更美好的事物和更清晰的方向。

我们的时间不适合"行万里路"，适合随性地出去逛逛景点、拍拍照片，但我们的人生需要浇灌，而读书就是最好的泉水，甘洌、甜美。

5.5　如何让犯错犯得更有价值和意义

> 习惯造就了我们每个人，因此，优秀不是一种行为，而是一种习惯。
>
> ——亚里士多德

你是不是也有过这样的经历：当遇到一件麻烦事会犯一些小错误，于是便想方设法赶紧应付过去，然后感觉自己如释重负。但是没过几天，这个麻烦事又来了，自己又做一遍，感到好烦躁。

或者你喜欢玩游戏，但和你同时开始玩游戏的朋友已经是"王者"，而你还是"青铜"，原因是什么？

又或者你喜欢打篮球，为了提高自己的命中率，你每天投篮1 000次，但技术总是得不到精进，是自己真的不适合这项运动吗？

如果你也有这样的经历，请不用困惑，更不要得过且过。

2017 年，阿米尔·汗主演的《摔跤吧！爸爸》让无数人热血沸腾，其中有几个片段让我记忆深刻。

父亲为了提高女儿的摔跤技能,就将女儿在赛场上的比赛过程录下来,然后找了一个录影室去反复地观看,甚至在无法录像的情况下,也会通过电话的形式去了解赛场上女儿的表现,并通过电话去矫正她接下来的动作。

这个方法其实并不稀奇,美国著名篮球运动员科比,除了每天凌晨 4 点会到洛杉矶的训练馆训练以外,他还会反复观看自己的训练视频,从以往的过错中吸取教训,提高自己的技能。

曾经大战人工智能 AlphaGo 的国际围棋冠军柯洁,他在训练时的一个常规方式就是反复观看国际高手和自己对弈的录像,从中找到自己在状态、技能、临场发挥等各方面的问题。

这么多成功人士都在用这种方法来提升自己的能力,让自己犯过的错更有价值,将失败变成自己认知进步的阶梯。作为职场人的我们就更应该掌握这种方法,通过科学的训练,来提升我们的职业价值。

5.5.1　什么是"黑匣子思维"

"黑匣子思维"由作家马修·萨伊德提出,是一种记录和审视失败并从中吸取经验的积极态度,它能指导人们建立一种机制和观念,让各行业的人从错误中学习,而不是被失败吓倒。

黑匣子,大家都比较熟悉,是电子飞行记录仪的俗称,用于记录飞机飞行和性能参数的仪器。

正是因为有黑匣子的存在,机长可以通过飞行数据来不断发现飞行当中的问题,以提高自己的飞行技能。如果飞机出现事故,黑匣子中记录的事故数据,同样会应用于未来飞机在生产和应用过程中的性能提升。

每个人或多或少都会有一些失败的经历，我们也会常常懊恼如果早发现问题就好了。但更多时候，我们会选择得过且过，因为应付过去自己会变得轻松很多。但不善于总结经验，总是靠自己的直觉去处理问题的思维，往往会限制我们的发展。

我们的直觉有时很不靠谱，所以我们需要借助工具，"黑匣子思维"就是我们在失败中实现认知进步的有力工具。

"黑匣子思维"，让我们避免进入"黑暗球场效应"。

黑暗球场效应，这种非常形象的比喻是指在毫无光线的球场去练习球技，最终将一无所获。

大家可能都打过篮球，刚开始我们都是"菜鸟"，投篮命中率非常低，所以我们会慢慢去调整自己的角度、力度。经过一番训练之后，你会发现自己的球技得到了很大的提升。

但如果将你放在一个黑暗的球场中去投篮，什么都看不见，不知道自己在什么位置，也不知道投出去的球中了没中，不会有任何的反馈。相信这样的训练哪怕长达一万年，自己的球技也不会得到任何提升。

作为职场人，在很多场景，我们仿佛就是置身于黑暗球场。

比如你设计一款产品、打造一个品牌、负责一个项目，如果没有任何的记录、反馈、分析和改进，那就好像是在黑暗中投篮，无论自己做多久，专业技能也不会得到丝毫提升。

得到 App 的 CEO 脱不花曾经在演讲中说过这么一段话："我们组织跨年演讲的首要条件，是商业上要成立。不见得是为了靠它赚多少钱，而是为了获取真实的反馈，形成良性循环。"这其实就是为了避免自己处于黑暗球场。

5.5.2 运用"黑匣子思维",提升自己的能力

我们可以通过以下四点,有效掌握这种思维,提升自己的能力。

1. 准确记录,掌握自己的一举一动

对于职场人而言,我们并不能将自己的学习过程、工作过程统统用视频录下来,那是否还有其他方式可以记录我们的行为轨迹呢?

(1)5R 笔记法,用于记录自己的学习过程和要点。

5R 笔记法,又称康奈尔笔记法,是以产生这种笔记法的大学的校名命名的。这一方法几乎适用于一切讲授或阅读课,特别是对于听课笔记,5R 笔记法应是最佳选择。这是一种记与学、思考与运用相结合的有效方法。

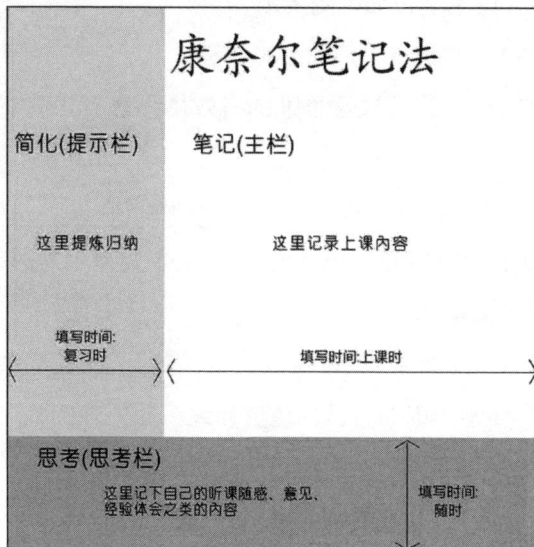

康奈尔笔记法

具体包括以下几个步骤：

①记录（Record）：在主栏内尽量多记有意义的论据、概念等内容；

②简化（Reduce）：在记录之后，尽早将这些论据、概念简明扼要地概括在回忆栏；

③背诵（Recite）：把主栏遮住，只用回忆栏中的摘记提示，尽量完满地叙述讲过的内容；

④思考（Reflect）：将自己的感想、意见、经验等内容与主栏内容分开，写在笔记本的某一单独部分，加上标题和索引；

⑤复习（Review）：每周花 10 分钟左右时间，快速复习笔记，主要是先看回忆栏，适当看主栏。

我的个人读书笔记如下图所示。

（2）思维导图，记录自己的思维过程。

思维导图是表达发散性思维的有效图形思维工具，简单、实用且有效。

在记录思维导图的过程中，要遵守两个原则：

①"MECE 原则"：指在记录的过程中，要无差别地进行"互不重叠、完全穷尽"的动作。

这样做有一个好处，就是可以将自己的一举一动、每一个要点都记录下来，而不会因为自己的疏忽导致一些内容的缺失。

②"总分原则"："总分原则"是将所有的要点都记录下来之后，进行归纳和总结，将具有共性的要点放在一起，形成一个归类。

形成的归类建议不要超过三点，归类的分层建议不要超过三层，因为过多会导致自己思维的混乱。

康奈尔笔记法—我的读书笔记

（3）音频，记录无差别信息。

录制音频是我在工作中常用的一种方法，也是非常有效的一种方法。

在与领导进行工作讨论时，并不能完全靠记忆来掌握所有的信息点,现场做思维导图或者用笔记录效率会很低,所以录制音频是最好的方式。

当你准备和项目成员进行项目沟通或者和领导讨论工作安排时,第一时间打开自己手机上的录音机,将整个事件的沟通过程都录下来。等回到工位之后,这个音频就是你很好的要点分析工具,可以做到无差别信息保留。

2. 有效反馈,定位记录中的价值点

无论通过怎样的方法进行信息的记录和保存,都是为我们定位记录中的价值点服务的,都可以有效反馈我们在这个过程当中的一些关键元素。我们该如何做好有效反馈呢?

(1)有效反馈,应该是及时的,甚至是即时反馈。

人类的大脑结构其实分为三层,最外层的是本能脑,中间的是情绪脑,最核心的是逻辑脑。

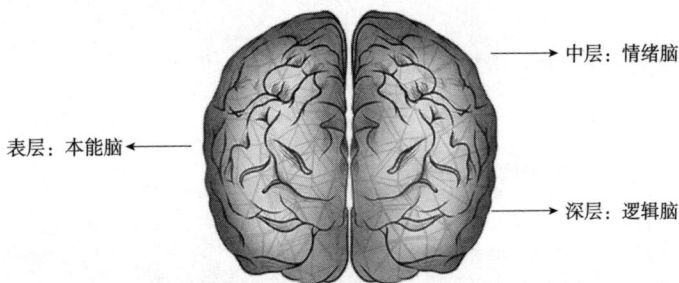

表层:本能脑

中层:情绪脑

深层:逻辑脑

脑结构示意

我们在一开始以得过且过的心态处理麻烦事件的时候,其实就是本能脑在作怪,总想靠本能把这些事情处理好,但往往又不是行之有效的方法。

及时的有效反馈,可以将有价值的信息点较快地反馈给我们的

逻辑脑,让我们更高效地去作出判断。

还有很多时候需要我们进行即时反馈,比如你学习一门技能或者读一本书,因为我们大脑的记忆时间是有限的,时间越长,遗忘的东西就会越多,而即时反馈可以快速刺激我们的记忆,让我们的记忆更加深刻和持久。

(2)有效反馈,信息必须是肯定的,不能模棱两可。

为什么一些成功人士更倾向于用视频的方式来记录整个过程,就是因为视频不会说谎,反馈出来的信息是肯定的。而我们通过文字所记录的过程信息,随着时间的推移,我们的记忆就会慢慢淡化,所记录的信息就会变得模棱两可。例如:

有一次,我在与一位项目经理进行工作沟通时,我感觉自己听得明明白白,并且将要点在笔记本上记录了下来。但吃过午饭之后,当我再看这些信息的时候,就总有一些信息会想不起来,而这些信息还是一些核心的关键点。幸好我同时采用了前面提到的音频记录法,对一些信息进行了补充。

(3)有效反馈,信息必须是具体的,不能是模糊的。

我们的大脑所需要的用来提升我们技能的信息,必须是具体的,因为模糊的信息并不能让我们聚焦问题点。

试想,如果科比在练习篮球的时候,反馈出来的信息是这样的:"可能是角度的问题,1°~3°;也可能是自己体力的问题。"这样的信息就是模糊的,也就无法帮助运动员确定自己的问题点和改进的方向。

3. 深入思考,找到技能的迭代点

我们根据已经记录的信息和定位的价值点,需要进行深度思

考,以找到技能的迭代点。深度思考,可以让所有的事情都能正确地入手。

作家凯茜·拉舍在《深度思考》中给我们展示了一个深度思考图谱,可以帮我们对深度思考有更深入的认知。

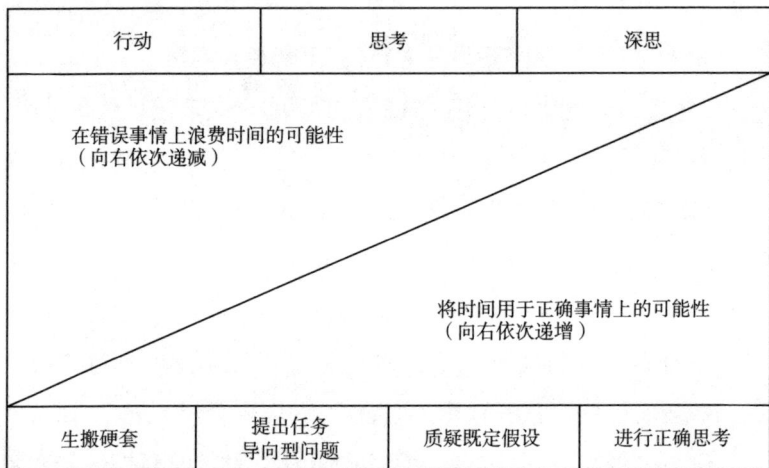

行动	思考	深思

在错误事情上浪费时间的可能性
（向右依次递减）

将时间用于正确事情上的可能性
（向右依次递增）

生搬硬套	提出任务 导向型问题	质疑既定假设	进行正确思考

深度思考图谱

从深度思考图谱上来看,深度思考是一个持续的过程。

（1）生搬硬套。这是我们的本能在作怪,让我们把时间和精力都浪费到了自以为正确的地方。

（2）提出任务导向型问题。也就是我们已经发现了问题的所在,通过问题的提出和解答,来定位我们的技能迭代点。

（3）质疑既定假设。现在的就是对的吗？存在就是合理吗？敢于推翻现代的假设,才有可能看到假象背后的本质。

（4）进行正确思考。正确思考也就是深度思考,在问题和质疑中提升我们的认知。

举一个案例：

公司有一个团队专门负责每日数据报表的产出,由于公司产品化还相对落后,无法在系统中自动导出这些报表,所以需要员工自行整理。

由于对接五个部门,负责数据分析的同事有时候要做五张报表,耗费近五个小时。这项工作让同事叫苦不迭。有一天,他终于忍耐不住了,决定做一些改变。首先,他进行了一次深度思考,分析了如下问题：

· 数据需求方都有哪些部门？

· 这些部门的数据需求是否有共同点？都有哪些共同点？

· 在整个数据采集和分析的过程中,我做了哪些事情？有哪些事情是最耗费时间的？

· 这项工作最困难的环节是什么？

· 在这些工作中,有哪些工作需求方可以自行完成？

通过对这些问题的深度思考,最终这个部门的员工效率提升了100%,并且表格的数据准确率也没有降低。

4. 持续改进,用行动推动进步

前面的三点仅仅是铺垫,如果没有持续改进的动作和决心,一切便都是枉然。

我们身边存在两类人,其中有一类人你会认为其能力、天赋、专业度都是一成不变的,成功是与生俱来的,因此当他们面临失败的时候就会怨天尤人,认为是自己的能力不够、聪明度不够,而没有去寻找让自己成功的方法,这种思维被称为固定型思维。

而另一类人的思维是成长型思维,他们相信通过自己的努力,不断总结自己失败的经验和教训,尽管自己资历平平,只要通过自己认知的不断迭代,勇于拥抱变化和失败,自己同样可以取得成功。

确实是这样的,失败既可以是一种沉重的打击,也可以是认知进步的阶梯。持续改进是"黑匣子思维"的最后一步,也是最关键的一步。

如何做好持续改进,让我们的犯错更有意义?

(1)要勇于接受自己的不完美。

在信息的记录和问题点的定位中,我们已经发现了自己未来可以迭代的方向。这也从一个侧面证明我们本身是不完美的,不要羞于去表达自己的不完美,不要刻意去掩饰这种已经存在的"不体面"。因为敢于认错,用更加坦诚的心态去接受自己,是行动的前提条件。

(2)要给自己设时间期限。

没有时间期限的改变,就会变得毫无意义。

人的本性是懒惰的,这点相信大家都深有体会。因为改变必然伴随着痛苦,而人人又不想痛苦。这就好像固定型思维的人,会过得很舒服;而成长型思维的人,几乎每天都会在痛苦和挫折中度过。但最终的意义是不同的,给自己设置一个时间期限,既可以获得公众的监督,也可以让自己看得见自己的成长。

(3)改进的过程,又是另一个"黑匣子思维"的过程。

在你改进的过程中,同样需要进行准确记录、有效反馈和深度思考,就好比"PDCA",另一个循环又要开启。

成长本身就是一个持续的过程,"黑匣子思维"同样如此。就是在这种不断的、持续的循环当中,我们已经慢慢地铺就了一条通往成功的道路。

　　失败要趁早,改变趁当下。不要让自己的犯错变得毫无意义,更不要在失败后一蹶不振。我们要将它们记录下来,并且从中吸取滋养我们成功的养分,将失败变为进步的阶梯。